中央党校(国家行政学院)
国家高端智库系列丛书

中国经济
热点解读

中央党校(国家行政学院)经济学部◎编

曹 立◎主编

人民出版社

出版说明

今年以来，面对新冠肺炎疫情考验和错综复杂的国内外形势，在以习近平同志为核心的党中央坚强领导下，我国统筹疫情防控和经济社会发展工作扎实推进，经济实现良好开局，主要经济指标都实现了大幅增长，中国成为全球实现正增长的主要经济体。

为了帮助读者准确把握当前经济形势，我们特邀中央党校（国家行政学院）经济学部的多名教授组成编写组，解读在构建以国内大循环为主体、国内国际双循环相互促进的新发展格局下中国经济的重点热点问题。本书入选中央党校（国家行政学院）国家高端智库系列丛书，从构建新发展格局见到新气象，宏观经济政策要把握好时度效，坚持扩大内需这个战略基点，解决好种子和耕地问题，强化反垄断和防止资本无序扩张，解决好大城市住房突出问题，做好碳达峰、碳中和工作等 11 个方面解读，感受中国经济强劲动能。

人民出版社
2021 年 6 月

目　录

第一章
构建新发展格局见到新气象

2020 年是"十三五"收官之年，经过 5 年持续奋斗，我国经济社会发展取得新的历史性成就。2021 年是"十四五"开局之年，全面建设社会主义现代化国家新征程开启。进入新发展阶段，国内外环境的深刻变化既带来一系列新机遇，也带来一系列新挑战。必须坚定不移贯彻"创新、协调、绿色、开放、共享"的新发展理念，推动高质量发展，于危机中育新机，于变局中开新局。要加快构建以国内大循环为主体、国内国际双循环相互促进的新发展格局，迈好第一步，见到新气象。

　　"十四五"时期是我国全面建成小康社会、实现第一个百年奋斗目标之后，乘势而上开启全面建设社会主义现代化国家新征程、向第二个百年奋斗目标进军的第一个五年。党中央深入分析了我国发展环境面临的深刻复杂变化，认为和平与发展仍然是时代主题，我国发展仍然处于重要战略机遇期。我们需要全面认识国内外发展大势，科学把握我国发展重要战略机遇期的新变化新特征，辩证看待新发展阶段的新机遇新挑战，努力在危机中育先机，于变局中开新局，推动"十四五"时期高质量发展，确保全面建设社会主义现代化国家开好局、起好步，见到新气象。

一、新发展阶段：我国发展的历史方位

　　历史方位就是标识自身所处的位置，辨明前进的方向。科学判断所处历史方位，并据此制定路线、方针、政策，是中国共产党长期奋斗积累的宝贵经验。全面准确认识当前和今后一个时期我国发展的时代背景、客观条件，特别是所面临的机遇和挑战，是谋划我国发展的前提。党的十九届五中全会提出，全面建成小康社会、实现第一个百年奋斗目标之后，我们要乘势而上开启全面建设社会主义现代化国家新征程、向第二个百年奋斗目标进军，这标志着我国进入了一个新发展阶段。这一科学论断，明确了我国发展所处的历史方位，需要全面

认识、深刻把握。

（一）新发展阶段是历史性跨越的新阶段

新发展阶段是我们党带领人民迎来从站起来、富起来到强起来历史性跨越的新阶段。新中国成立不久，中国共产党就提出建设社会主义现代化国家的目标，1956 年毛泽东同志提出，我国人民应该有一个远大的规划，要在几十年内努力改变我国在经济上和科学文化上的落后状况，迅速达到世界上的先进水平。1964 年 12 月，周恩来同志在第三届全国人民代表大会上所作的政府工作报告中，正式提出"在不太长的历史时期内，把我国建设成为一个具有现代农业、现代工业、现代国防和现代科学技术的社会主义强国"的"四个现代化"奋斗目标。改革开放之初，邓小平同志提出三步走战略：到 20 世纪 80 年代末解决人民的温饱问题，到 20 世纪末使人民生活达到小康水平，21 世纪中叶基本实现现代化，人均国民生产总值达到中等发达国家水平。进入新世纪以后，在人民生活总体上达到小康水平之后，我们党又提出到建党 100 年时，全面建成惠及十几亿人口的更高水平的小康社会，这就是全面小康。经过了几十年艰苦卓绝的努力，我们具备了实现现代化这一历史宏愿的历史条件。正如习近平总书记指出的：经过新中国成立以来特别是改革开放 40 多年的不懈奋斗，我们已经拥有开启新征程、实现新的更高目标的雄厚物质基础。

新发展阶段是社会主义初级阶段中的一个阶段，同时具有向更高阶段过渡的性质。社会主义初级阶段理论是中国共产党的伟大创造。马克思、恩格斯在科学分析资本主义发展规律的基础上，对未来社会发展阶段提出过一些原则性的设想，但对其发展过程中将会经历哪些具体发展阶段，并没有作出进一步的详尽判断。中国共产党把马克思主义基本原理与中国具体实际相结合，不断推进马克思主义中国化，系统提出了社会主义初级阶段理论。党的十三大报告提出，"我国从五十年代生产资料私有制的社会主义改造基本完成，到社会主义现代化的基本实现，至少需要上百年时间，都属于社会主义初级阶段"，强调"正确认识我国社会现在所处的历史阶段，是建设有中国特色的社会主义的首要问题，是我们制定和执行正确的路线和政策的根本依据"。由此可见，社会主义初级阶段是一个相当长的历史发展阶段，是一个动态的发展过程，在发展过程中必然还要经历若干具体的发展阶段，会显现出不同的阶段性特征。新发展阶段仍是社会主义初级阶段中的一个阶段，是其中经过几十年积累、站到了新的起点上的一个阶段。

（二）全面建成小康社会取得决定性成就

"十三五"时期是全面建成小康社会决胜阶段，也是党和国家发展进程中极不平凡的五年。面对错综复杂的国际形势、艰巨繁重的国内改革发展稳定任务特别是新冠肺炎疫情的严重冲击，以习近平同志为核心的党中央不忘初心、牢记使命，团结带领全党全国各族人民砥砺前行、开拓进取，奋发有为推进党和国家各项事业，经过五年持续奋斗，取得了全面建成小康社会的决定性成就。

经济建设取得重大成就。2020年在面对百年不遇的新冠肺炎疫情、全球经历第二次世界大战以来最严重的世界经济衰退的背景下，我国GDP达到101.6万亿元，实际增长2.3%，是全球唯一实现正增长的主要经济体。供给侧结构性改革持续推进，经济结构持续优化，数字经济等新兴产业蓬勃发展，发展的质量和效益不断提升；创新型国家建设成果丰硕，科技实力迈上新台阶，载人航天、探月工程、深海工程、超级计算、量子信息等领域取得一批重大科技成果；农业现代化稳步推进，粮食年产量连续五年稳定在一万三千亿斤以上；区域重大战略扎实推进，区域发展差距呈缩小态势，区域发展协调性增强；金融风险处置取得重要阶段性成果。

全面深化改革取得决定性成果。党的十八届三中全会以来，以习近平同志为核心的党中央对全面深化改革作出顶层设计和全面部署，以前所未有的决心和力度突破思想观念的束缚、利益固化的藩篱，"十三五"期间我国经济、政治、文化、社会、生态文明、国防和军队、党的建设等重要领域和关键环节改革取得突破性进展，主要领域改革主体框架基本确立；供给侧结构性改革持续推进、"放管服"改革不断深入、营商环境持续改善，改革红利加速释放。

对外开放持续扩大。多边和双边合作深入发展，共建"一带一路"成果丰硕，生态、科技、文化、民生等各领域合作不断深化，越来越成为推动世界经济和贸易增长的重要引擎和人类命运共同体的重要实践平台；自由贸易试验区开放试验田效果不断提升，差别化探索持续深化，中国特色自由贸易港建设进程不断加快；进口潜力不断扩大，市场准入持续放宽，开放领域不断增加，贸易和投资自由化、便利化程度显著提升，更高层次开放型经济新机制逐步健全，对外贸易、对外投资、外汇储备稳居世界前列。

人民获得感显著增强。千百年来困扰中华民族的绝对贫困问题历史性地得到解决，脱贫攻坚成果举世瞩目。党的十八大以来，现行标准下 9899 万农村贫困人口全部脱贫，832 个贫困县全部摘帽，12.8万个贫困村全部出列，完成了消除绝对贫困的艰巨任务，创造了又一个彪炳史册的人间奇迹。高等教育进入普及化阶段，教育公平和教育质量获得较大提升；城镇新增就业超过 6000 万人；建成世界上规模最大的社会保障体系，基本医疗保险覆盖超过 13 亿人，基本养老保险覆盖近 10 亿人；1 亿农业转移人口和其他常住人口在城镇落户目标顺利实现，城镇棚户区住房改造超过 2100 万套；社会治理体系更加完善，国家安全全面加强，社会保持和谐稳定。

生态环境明显改善。"十三五"期间生态环境质量改善成效显著，生态环境保护事业发展取得显著成果，"十三五"规划纲要确定的生态环境保护九项约束性指标和污染防治攻坚战阶段性目标任务全面超额完成。蓝天、碧水、净土三大保卫战取得显著成效。全面建成小康社会生态环境目标高质量完成。空气质量显著改善，污染防治力度不断加强，应对气候变化工作取得积极进展，资源能源利用效率显著提升，为"十四五"时期深入开展污染防治专项活动奠定坚实基础。

（三）我国发展环境面临深刻复杂变化

新发展阶段，我国发展环境面临深刻复杂变化。当前和今后一个时期，我国发展仍然处于重要战略机遇期，但机遇和挑战都有新的发展变化。从国内环境来看，中国特色社会主义进入新时代，我国社会主要矛盾已经转化为人民日益增长的美好生活需要和不平衡不充分的发展之间的矛盾，由此带来了一系列新要求，人民美好生活需要日益广泛，不仅对物质文化生活提出了更高要求，在民主、法治、公平、正义、环境等方面的要求也日益增长，但当前我国国内发展环境面临着来自多方面的挑战：发展不平衡、不充分的一些突出问题仍有待解决，发展的质量和效益还有待提高，创新能力有待加强，实体经济水平有待提高，生态环境保护任重道远，民生领域存在短板，城乡区域发展和收入分配差距较大，社会文明水平仍需提高，全面依法治国任务仍然繁重，国家治理体系和治理能力有待加强。"十四五"时期，我国转入高质量发展阶段，由全面建成小康社会转向全面建设社会主义现代化国家，如何贯彻新发展理念、转换发展方式、构建新发展格局，实现更加充分、更加平衡、更高质量的发展，推动人的全面发展和经济社会的全面发展成为重要问题。

从外部环境看，当今世界正经历百年未有之大变局。一方面，新一轮科技革命突飞猛进，各领域不断取得重大原创性、颠覆性技术突破，新一轮产业变革孕育出诸多新产业、新业态，为我国经济高质量发展提供了新机遇；另一方面，经济全球化遭遇逆流，世界进入动荡变革期。保护主义、单边主义、霸权主义甚嚣尘上，对世界和平与发展构成威胁。新冠肺炎疫情加速了国际格局、国际力量对比的深刻调整，全球治理体系面临重塑，不稳定性不确定性明显增加，国际形势日趋错综复杂，给我国发展带来了新挑战。

党的十九届五中全会强调全党要统筹中华民族伟大复兴战略全局和世界百年未有之大变局，深刻认识我国社会主要矛盾变化带来的新特征新要求，深刻认识错综复杂的国际环境带来的新矛盾新挑战，研判新情况、提出新举措、解决新问题，增强机遇意识和风险意识，立足社会主义初级阶段基本国情，保持战略定力，办好自己的事，抓住机遇，应对挑战，趋利避害，奋勇前进。

二、新发展理念：现代化建设指导原则

党的十九届五中全会明确指出：坚定不移贯彻创新、协调、绿色、开放、共享的新发展理念，坚持稳中求进工作总基调，以推动高质量发展为主题。把握新发展阶段是贯彻新发展理念、构建新发展格

局的现实依据；贯彻新发展理念为把握新发展阶段、构建新发展格局提供了行动指南；构建新发展格局则是应对新发展阶段机遇和挑战、贯彻新发展理念的战略选择。

（一）全面贯彻新发展理念

所谓发展理念，是发展主体在社会发展进程中对其所从事的发展实践所秉持的总的观点和看法，是发展主体用以指导整个发展实践的根本原则。有什么样的发展理念，就会有什么样的发展实践。发展理念决定着发展成效乃至成败，新发展理念是现代化建设的指导原则。新发展理念的提出具有重大理论意义和实践意义。从理论层面看，是马克思主义中国化的重大成果，坚持了马克思主义政治经济学根本立场，是习近平新时代中国特色社会主义经济思想的重要组成部分，是中国特色社会主义政治经济学的最新成果；从实践层面看，创新、协调、绿色、开放、共享的发展理念，为解决中国经济发展中的深层次矛盾和突出问题，提供了思想方法和破解之道。因此，构建新发展格局，要把新发展理念贯穿发展全过程和各领域，切实转变发展方式，推动质量变革、效率变革、动力变革，实现更高质量、更有效率、更加公平、更可持续、更为安全的发展。

习近平总书记强调从根本宗旨、问题导向和忧患意识把握新发展理念。从根本宗旨把握新发展理念，就是强调发展始终要围绕以人民为中心展开，坚持发展为了人民、发展依靠人民、发展成果由人民共享的原则，更好满足人民群众对美好生活的迫切需要和更好解决发展不平衡不充分之间的矛盾。从问题导向把握新发展理念，就是要解决发展过程中出现的问题。其中，创新是发展的第一动力，注重解决发展动力的问题；协调是持续发展的内在要求，注重解决发展不平衡的问题；绿色是永续发展的必要条件，注重解决人与自然和谐共处的问题；开放是国家繁荣发展的必由之路，注重解决内外联动的问题；共享是中国特色社会主义的本质要求，注重解决社会公平正义的问题。从忧患意识把握新发展理念，强调了新发展理念提出的重大现实意义。面对波谲云诡的国际形势、复杂敏感的周边环境和艰巨繁重的改革发展稳定任务，新发展理念体现了中国共产党的忧患意识，下好先手棋，打好主动仗，于危机中育新机，于变局中开新局，确保社会主义现代化事业的顺利推进。

（二）坚持稳中求进工作总基调

2020年中央经济工作会议再次将"稳中求进"定为中国经济工作的总基调，强调宏观政策要保持连续性、稳定性、可持续性。要继续实施积极的财政政策和稳健的货币政策，保持对经济恢复的必要支持力度，把握好政策时度效。"稳"具有两方面的含义，一方面，"稳"贯穿"五位一体"总体布局和"四个全面"战略布局全过程，反映了国家治理和社会发展的整体趋势；另一方面，"稳"代表经济平稳、健康、有序。"进"也具有两方面的内涵，一方面，"进"代表社会发展的全面进步；另一方面，"进"代表经济的高质量发展。稳是进的前提，进是稳的动力，稳和进互为条件，相互促进。当前和今后一个时期是我国各类矛盾和风险易发期，各种可以预见和难以预见的风险因素明显增多。正如习近平总书记指出的，越是接近民族复兴，越不会一帆风顺，越充满风险挑战乃至惊涛骇浪。必须坚持统筹发展和安全，深刻认识我国社会主要矛盾变化带来的新特征新要求，深刻认识错综复杂的国际环境带来的新矛盾新挑战。坚持稳中求进工作总基调，树立底线思维，增强机遇意识和风险意识，创新做好经济工作的方法，推动我国经济行稳致远。

（三）以推动高质量发展为主题

党的十九大提出，我国经济已由高速增长阶段转向高质量发展阶段。高质量发展是保持我国经济持续健康发展的必然要求、是适应我国社会主要矛盾变化的内在要求、是遵循经济规律发展的根本要求。改革开放以来，我国经济发展取得显著成绩，经济规模、贸易规模及资金规模跃居世界前列。但同时也要看到当前我国要素禀赋结构发生显著变化，国内要素条件整体趋于收紧，积累了周期性、体制性和结构性问题，以及面临严峻的外部环境变化带来的挑战，只有实现高质量发展，推动发展方式从规模速度型向质量效益型转变，才能增强国家综合实力和抗风险能力。

在 2017 年 12 月召开的中央经济工作会议上，习近平总书记阐释了高质量发展的科学内涵："高质量发展，就是能够很好满足人民日益增长的美好生活需要的发展，是体现新发展理念的发展，是创新成为第一动力、协调成为内生特点、绿色成为普遍形态、开放成为必由之路、共享成为根本目的的发展。"[①] 可见，高质量发展以新发展理念为指引，是新发展理念的本质体现。进入新发展阶段，必须进一步贯彻新发展理念，将高质量发展作为"十四五"乃至更长时期我国经济社会发展的主题，加快构建新发展格局，提升发展的质量和效益。

实现高质量发展，就是要坚持创新在我国现代化建设全局中的核心地位，加快建设科技强国；构建协调联动的现代化城乡区域发展体系，推进区域协调发展；坚持可持续发展战略和生态文明建设战略，

---

① 《习近平新时代中国特色社会主义思想学习纲要》，学习出版社、人民出版社 2019 年版，第 112 页。

大力推进绿色发展，建设人与自然和谐共生的现代化；建设更高水平开放性经济新机制，实现更大范围、更宽领域、更深层次对外开放；坚定不移增进人民福祉，将高质量发展与满足人民日益增长的美好生活需要紧密结合，增强人民群众获得感、幸福感、安全感。

实现高质量发展，要提高全要素增长率。目前中国的全要素生产率水平只是美国的43%。到2035年中国基本实现了社会主义现代化，那时候中国的全要素生产率水平要达到美国的65%，这是一个现代化水平的底线要求，需要中国的全要素生产率增速比美国高1.95%（美国全要素生产率平均增速在0.7%—1%），接近3%的水平。

实现高质量发展，要推动供给与需求形成更高水平动态平衡。从供给看，高质量发展应该实现产业体系比较完整、生产组织方式网络化智能化，创新力、需求捕捉力、品牌影响力、核心竞争力强，产品和服务质量高。从需求看，高质量发展应该不断满足人民群众的个性化、多样化、不断升级的需求，这种需求又引领供给体系和结构的变化，供给变革又不断催生新的需求。

三、新发展格局：经济现代化路径选择

党的十九届五中全会通过的《中共中央关于制定国民经济和社会发展第十四个五年规划和二〇三五年远景目标的建议》提出"加快构建以国内大循环为主体，国内国际双循环相互促进的新发展格局"。新发展格局是党中央根据我国发展阶段发展环境发展条件变化提出来的，是重塑我国国际合作和竞争新优势的重大战略抉择，也是我们党对经济发展客观规律的正确把握和实践运用。

改革开放前，我国经济以国内循环为主，具有较为明显的封闭性。改革开放后，我国经济逐步融入国际循环，2008 年国际金融危机是一个重要的转折点，我国经济逐步转向以国内大循环为主。有数据表明，经常项目顺差占 GDP 的比重已经由 2007 年的 10% 左右下降到 2019 年的 1% 左右，外贸依存度即外贸进出口总额占 GDP 的比重由 2006 年的 64.5% 下降到 2019 年的 35.7%，内需对经济增长的贡献率有 7 个年份超过 100%，经济增长越来越多地依靠国内消费和投资。

要素成本低、环境容量大、外需贡献多的传统优势逐渐削弱，而我国超大规模性优势日益凸显。超大规模性表现为超大规模人口、国土面积、经济体量和市场。市场是全球最稀缺的资源。全球最大和最有潜力的消费市场，是我国最大的竞争优势。超大规模性有利于促进全球资源要素整合创新，使规模效应和集聚效应最大化；有利于增强发展韧性和扩大回旋余地；有利于缓释风险和对冲外部压力。我国人口众多，市场空间广阔，实物商品消费额已达到美国现有水平。随着居民消费结构快速升级，进一步呈现出个性化、高端化、服务化、多样化趋势，超大规模市场优势得到释放。因此，构建新发展格局需要全面促进消费，拓展投资空间。

加快构建新发展格局，要坚持协同性与系统性，实现内外循环的相互协调与带动。以国内大循环为主体不代表不重视国际循环，更不是封闭运行，而是通过发挥内需潜力更好地联通国内、国际两个市场，更好地利用国内、国际两个市场、两种资源，通过国内大循环全面提升内部创新力、资源配置能力和参与国际经济合作的新优势，实现更高水平的对外开放。因此，形成新发展格局，既要对内深化改革、实现经济的创新驱动发展，又要全面提高对外开放水平、形成全面开放新格局、实现国内国际双循环互相促进；既要积极参与国际合作、顺应和推进经济全球化，又要在产业发展战略和区域生产力布局上防范风险，实现更有效率、更为安全的产业体系和区域布局。加快构建以国内大循环为主体、国内国际双循环相互促进的新发展格局是一项系统性工程，如何开好局、起好步，见到新气象，重点推进以下战略任务。

（一）扭住供给侧结构性改革这条主线

坚持供给侧结构性改革，加快培育完整内需体系，把实施扩大内需战略同深化供给侧结构性改革有机结合起来，以创新驱动、高质量供给引领和创造新需求。供给侧结构性改革是对经济运行内在机制的改革，强调从供给侧出发，通过激活市场主体活力、优化资源要素配置、降低企业制度性交易成本和增强创新及发展动能，提高供给质量和供给结构对需求结构变动的适应性，最终使供给能力更好地满足人民群众日益增长的美好生活需要。当前供给侧结构性改革的重点是提高供给体系质量和效率，提高投资有效性，加快培育新的发展动能，改造提升传统比较优势，增强持续增长动力，推动我国社会生产力水平整体提升。

以供给侧结构性改革为主线，优化供给结构，改善供给质量，以提升生产者的活力和均衡增长能力实现动能转换、结构转换和供给质量的提升，从而实现供给和需求之间的良性互动，以有效需求牵引供给，以优质供给创造需求，提升供给体系对国内需求的适配性。同时，以供给侧结构性改革为主线推动制度创新，提高市场化和法治化水平，为推动构建国内大循环为主体、国内国际双循环相互促进新发展格局提供了强大动力。

推动供给侧结构性改革，要继续巩固"三去一降一补"成果。"去产能、去杠杆、去库存、降成本、补短板"五大任务作为供给侧结构性改革的核心任务，有助于解决我国长期积累的供给侧历史性矛盾和问题，进一步优化制度及体制机制，打破当前制度供给的限制。"去产能"围绕去除落后产能，推动结构优化和产业升级；通过"去杠杆"促进产业转型升级和优化结构，同时降低企业资产负债率，促进实体经济发展；"去库存"要着力从制度层面化解房地产高库存问题；通过改革降低制度性成本，进一步优化营商环境；通过在现代服务业、实体经济有效投资、推动区域协调发展、优化营商环境和创新制度供给方面"补短板"，实现优化供给结构和扩大有效需求的有力结合。

（二）坚持创新发展提升国民经济体系整体效能

2020 年中央经济工作会议强调"新发展格局要迈好第一步、见到新气象"其中一个重要方面就是打通堵点、补齐短板，贯通生产、分配、流通、消费各环节，形成需求牵引供给、供给创造需求的更高水平动态平衡，提升国民经济体系整体效能。国民经济体系涵盖国民经济生产和再生产的各个领域、各个层次、各个环节，畅通、高效的国民经济体系需要实现供给与需求的动态均衡与适配、国民经济内部的结构性均衡、国内经济与国际经济之间的均衡、经济增长与资源环境约束之间的协调以及社会经济发展与安全之间的平衡，最终目的是解决人民群众日益增长的美好生活需要和发展不平衡、不充分之间的矛盾，实现从非均衡发展到均衡发展的转变。

提升国民经济体系整体效能要以强化国家战略科技力量为支撑。要从以下几个方面发力：一是加强对基础研究的投入力度，围绕经济社会发展不断变化的需求发现前沿科学问题，寻找原创方法，从源头上为解决"卡脖子"问题找到支撑。二是加强顶层设计和任务规划。集中力量打好关键核心技术攻坚战，实现关键核心技术自主可控，增强创新链与产业链供应链的协同效应和整体效能。三是加快培育多元化、高水平创新主体。提升国家科研机构集群化水平的同时，发挥企业在科技成果转化方面的生力军作用，以高水平的自立自强提高我国国民经济体系的整体效能。

提升国民经济体系整体效能要以增强产业链供应链自主可控能力为底线。产业链供应链的安全稳定是构建新发展格局和建设现代化经济体系的重要基础。当前，我国正处于经济结构转型、增速换挡的阶段，伴随新一轮科技革命和产业变革的深入发展，全球产业链供应链格局面临深刻调整，如何把握这一契机提升我国产业链供应链的自主可控能力成为关键。我国产业链供应链还面临着核心技术优势不明显、横纵向延伸不足、抗风险能力较弱等问题。因此，要将提升产业链供应链自主可控能力作为一项系统工程，从多方面推进。首先，要加大关键核心技术攻关力度，完善创新成果转换机制和风险分担机制，以科技创新推动形成我国产业链供应链核心技术优势。其次，通过横向加强同类生产企业的联动发展、纵向延伸产业环节和价值链，提高产业链供应链稳定程度。最后，还要秉承多元化的原则重构产业链供应链整体布局，分散风险，提升产业链供应链稳定程度和国民经济体系独立、稳定运行的能力。

提升国民经济体系整体效能要以坚持扩大内需为战略基点。进入新发展阶段，消费对于国民经济的带动作用显著增强，消费规模扩大、消费结构升级趋势明显，但居民消费水平及消费品质仍存在较大提升空间，核心问题是提高居民消费能力，一方面，要通过促进就业、完善养老及社会保障体系、优化收入分配结构、扩大中等规模收入群体等措施提高居民消费能力；另一方面，通过补齐民生短板，减轻居民住房、医疗、教育等方面的刚性支出负担，进一步释放居民消费潜力。发挥消费在扩大内需中的基础性作用，将扩大消费与满足人民群众美好生活的愿望相结合，要发挥投资的关键性作用，引导投资在带动消费、拉动产业和扩大就业方面发挥积极作用，同时要把实施扩大内需战略同深化供给侧结构性改革有机结合起来。

（三）深化改革开放为国内国际双循环提供发展动能

构建新发展格局必须推动更深层次改革，加大重要领域和关键环节改革力度。2020 年中央经济工作会议强调，要坚持中国特色社会主义政治经济学的重大原则，坚持解放和发展社会生产力，坚持社会主义市场经济改革方向，使市场在资源配置中起决定性作用，激活各类市场主体活力。大力推进国有企业混合所有制改革，扎实做好国有资本、民营资本的融合。深化"放管服"改革，优化民营经济发展环境，进一步降低民营企业的市场准入条件，使不同所有制企业公平、平等地获得市场准入、资源要素、政策支持和产权保护，进一步激发民营企业活力和创造力。夯实市场经济基础性制度，实施统一的市场准入负面清单制度，健全公平竞争审查机制和公平统一的市场监管制度。完善要素市场化配置，促进各种要素自主有序流动。完善传统要素、新型要素交易规则和服务，健全主要由市场决定价格的机制，最大限度地减少政府对价格形成的不当干预。通过全面深化改革打破城乡间、区域间、不同所有制企业间的资源要素配置瓶颈，破除制度束缚，推动制度创新，解决体制性、机制性问题，为推动国民经济发展注入长期性、趋势性发展动力。

实施更大范围、更宽领域、更深层次的全面开放。从范围来看，要继续优化对外开放区域布局，加快自贸区及投资协定谈判。从领域来看，更多领域允许外资控股，推动制造业、服务业、农业扩大开放，持续改善外商投资环境。从层次来看，由商品和要素的流动型开放转变为更深层次的制度型开放，加快自贸区及投资协定谈判，积极参与全球经济治理工作。如区域全面经济伙伴关系协定（RCEP）的签订为我国进一步优化对外贸易和投资布局，加快与高标准贸易投资规则接轨，构建更高水平开放型经济体制提供了契机。要通过实施更高水平的全面开放增加市场、资本、要素、技术、人才和先进管理制度有效供给，提高资源要素配置的匹配性和有效性。

推动更深层次改革和更高水平对外开放相互促进。一方面，以改革促进开放。通过构建高水平的社会主义市场经济体制，为更高水平开放提供制度保障。同时，中国作为世界第二大经济体、世界第一大国际贸易国，不再只是国际贸易规则的接受者，而应主动融入、主动作为，将国内有效的经济制度通过国际平台转化为国际规则，提升国际话语权，创造更有利的制度环境。另一方面，以开放促进改革。更高水平的对外开放有助于我国顺应国际规则变化趋势，动态调整限制准入的领域，推动规则、规制、管理、标准等制度型开放，建设更高水平开放型经济新体制。以制度型开放倒逼我国深层次市场化改革和营商环境改革，建设更高标准市场体系。

总之，通过全面深化改革和更高水平对外开放的相互促进作用，更好地利用国内国际两个市场、两种资源，协同推进强大国内市场和贸易强国建设，依托国内经济循环体系形成对全球要素资源的强大引力场，推动构建以国内大循环为主体、国内国际双循环相互促进的新发展格局。

（曹立　中央党校（国家行政学院）经济学部副主任、教授）

第二章
做好经济工作的规律性认识

　　极不平凡的 2020 年，中国交出一份人民满意、世界瞩目、可以载入史册的答卷。中央经济工作会议强调，在统筹国内国际两个大局、统筹疫情防控和经济社会发展的实践中，我们深化了对在严峻挑战下做好经济工作的规律性认识。"五个根本"充分展现了以习近平同志为核心的党中央引领中国经济巨轮破浪前行的高超智慧，充分彰显了党中央从容应对前进道路上风险挑战的娴熟能力，是我们做好各项工作的重要认识论和方法论。做好 2021 年经济工作，必须坚持"五个根本"，在攻坚克难、化危为机的奋斗中不断开创发展新局面。

"十四五"及今后一个时期里，认识新发展阶段、坚持新发展理念、构建新发展格局是实现第二个百年奋斗目标，全面建设社会主义现代化国家的核心要义，这就需要我们不断深化对经济发展和经济工作的规律性认识。2020年中央经济工作会议立足统筹国内国际两个大局、统筹疫情防控和经济社会发展的实践，秉承我们党对经济工作规律性认识的优良传统，概括总结了"五个根本"的规律性认识，进一步丰富和发展了习近平新时代中国特色社会主义经济思想，为在严峻挑战下做好经济工作提供了科学指引，对于全党全国各族人民战胜前进道路上各种风险挑战，全面建设社会主义现代化国家，实现第二个百年奋斗目标，具有十分重要的指导意义。

一、做好经济工作必须把握经济发展规律

马克思主义认为，一切社会形态之中，规定社会性质和基本结构的是社会基本矛盾。社会基本矛盾主要是生产力和生产关系的矛盾、经济基础和上层建筑的矛盾。这两对基本矛盾存在并贯穿于人类社会发展的始终，推动着人类社会由低级向高级发展。认识社会发展和时代变迁"不能以它的意识为根据；相反，这个意识必须从物质生活的矛盾中，从社会生产力和生产关系之间的现存冲突中去解释。无论哪一个社会形态，在它们所能容纳的全部生产力发挥出来

以前，是决不会灭亡的；而新的更高的生产关系，在它存在的物质条件在旧社会的胎胞里成熟以前，是决不会出现的。"① 因此，以生产力和生产关系对立统一为主要内容的经济工作，是社会发展中的核心内容，在发展系统中具有基础和核心的地位，是任何国家执政党治国理政的核心要务。

（一）中国共产党把握经济工作规律的理论自觉

习近平总书记在纪念马克思诞辰 200 周年大会上的讲话中，用三次"伟大飞跃"精准概括了中国共产党的奋斗历程，生动诠释了中国共产党在马克思主义指引下带领中国人民创造的丰功伟绩。三次"伟大飞跃"的成功实现，离不开党对经济工作的坚强领导。因而，党认识经济工作规律、领导经济建设也可以分为三大阶段。

新中国成立之初，我们党面临严峻复杂的国内外环境，发展经济、建设社会主义的经验严重不足，学习苏联和其他社会主义国家的已有经验成为必然。但因为国情不同，到 1956 年社会主义改造基本完成时，照搬"苏联模式"的弊病开始显露，探索一条适合我国国情的社会主义经济发展道路，就成为一项紧迫的历史性课题，摆在了以毛泽东同志为代表的中国共产党人面前。毛泽东认为，"学习有两种态度。一种是教条主义的态度，不管我国情况，适用的和不适用的，一起搬来。这种态度不好。另一种态度，学习的时候用脑筋想一下，学那些和我国情况相适合的东西，即吸取对我们有益的经验，我们需要的是这样一种态度。"② 毛泽东提倡领导干部读苏联的《政治经济学

---

① 《马克思恩格斯全集》第 13 卷，人民出版社 1962 年版，第 9 页。
② 《毛泽东文集》第七卷，人民出版社 1999 年版，第 242 页。

教科书》，并进行了批注和评论，提出了许多重要思想和论断。在深入调研的基础上，毛泽东于 1956 年 4 月和 1957 年 2 月分别发表了《论十大关系》和《关于正确处理人民内部矛盾的问题》，对提高认识中国经济规律内在逻辑进行了阐释，他指出："社会主义社会经济发展的客观规律和我们主观认识之间的矛盾，这需要在实践中去解决。这个矛盾，也将表现为人同人之间的矛盾，即比较正确地反映客观规律的一些人同比较不正确地反映客观规律的一些人之间的矛盾，因此也是人民内部的矛盾。一切矛盾都是客观存在的，我们的任务在于尽可能正确地反映它和解决它。"[1] 这是中国共产党人探索社会主义经济规律，抓好经济工作的标志性尝试，是中国特色社会主义政治经济学的发端。对此，习近平总书记在十八届中央政治局第二十八次集体学习时指出，以毛泽东同志为代表的中国共产党人，"在探索社会主义建设道路过程中对发展我国经济提出了独创性的观点，如提出社会主义社会的基本矛盾理论，提出统筹兼顾、注意综合平衡，以农业为基础、工业为主导、农轻重协调发展等重要观点。这些都是我们党对马克思主义政治经济学的创造性发展"[2]。

党的十一届三中全会以来，我们党把马克思主义政治经济学基本原理同改革开放新的实践结合起来，不断探索发现经济规律，提升做好经济工作的水平，并进一步丰富和发展了马克思主义政治经济学。以邓小平同志为核心的党中央第二代领导集体提出了"以经济建设为中心，坚持四项基本原则，坚持改革开放"的基本路线。以此为指导，不断推进社会主义制度的自我完善和发展，解放和发展生产力，从根

---

[1] 《毛泽东文集》第七卷，人民出版社 1999 年版，第 242 页。

[2] 习近平：《立足我国国情和我国发展实践　发展当代中国马克思主义政治经济学》，《人民日报》2015 年 11 月 25 日。

本上改变了以前长期束缚着我国生产力发展的一些经济体制，建立起充满生机与活力的社会主义新经济体制。党的十四大以后，全党进一步深化对社会主义初级阶段的认识，摆脱姓"公"姓"私"的困扰，加大了经济结构调整的力度，建立起以公有制为主体、多种经济成分共存的经济结构。党的十四届三中全会规划出了社会主义市场经济体制体系的宏伟蓝图以及基本框架结构。党的十六大提出"提高驾驭社会主义市场经济的能力"这一重大命题。党的十七大要求深化对社会主义市场经济规律的认识，形成有利于科学发展的宏观调控体系。

党的十八大以来，中国特色社会主义进入新时代。以习近平同志为核心的党中央从中国实际出发，不断深化对社会主义经济发展规律的认识，在实践中形成了习近平新时代中国特色社会主义经济思想。在习近平新时代中国特色社会主义经济思想指引下，积极推进经济建设、政治建设、文化建设、社会建设、生态文明建设"五位一体"的总体布局和全面建成小康社会、全面深化改革、全面依法治国、全面从严治党"四个全面"的战略布局，并在统筹中华民族伟大复兴战略全局和世界百年未有之大变局的基础上，深刻认识新发展阶段，贯彻新发展理念、建设新发展格局。

（二）新发展阶段经济工作规律的认识历程

新发展阶段是社会主义初级阶段中的一个阶段，同时是其中经过几十年积累、站到了新的起点上的一个阶段。新发展阶段是我们党带领人民迎来从站起来、富起来到强起来历史性跨越的新阶段。习近平总书记强调，正确认识党和人民事业所处的历史方位和发展阶段，是我们党明确阶段性中心任务、制定路线方针政策的根本依据，也是我们党领导革命、建设、改革不断取得胜利的重要经验。随着不断明晰

新发展阶段的历史方位，我们党对经济工作的规律性认识也不断系统
起来。2020 年中央经济工作会议将新发展阶段经济工作的规律认识
进行了凝练表达，即"五个根本"：党中央权威是危难时刻全党全国
各族人民迎难而上的根本依靠，人民至上是作出正确抉择的根本前
提，制度优势是形成共克时艰磅礴力量的根本保障，科学决策和创造
性应对是化危为机的根本方法，科技自立自强是促进发展大局的根本
支撑。

　　"五个根本"是党的十八大以来，站在新的历史起点上部署经济
工作，创造和积累的系统新鲜经验。纵观党的十八大以来历年中央经
济工作会议所总结的各种经验和重要认识，展现的侧面或贯穿的逻辑
主线，都可以聚焦到"五个根本"上来。2012 年召开的中央经济工
作会议总结了"六个必须"，即必须加快调整经济结构、转变经济发
展方式，使经济持续健康发展建立在扩大内需的基础上；必须毫不放
松抓好"三农"工作，推动城乡一体化发展；必须坚持实施科教兴国
战略，增强经济社会发展核心支撑能力；必须坚持把人民利益放在第
一位，进一步做好保障和改善民生工作，使发展成果更多、更公平惠
及全体人民；必须全面深化改革，坚决破除一切妨碍科学发展的思想
观念和体制机制障碍；必须实施更加积极主动的开放战略，创建新的
竞争优势，全面提升开放型经济水平。2014 年的中央经济工作会议
提出了认识、适应和引领新常态这一我国经济发展的大逻辑。2017
年的中央经济工作会议提出了以新发展理念为主要内容的习近平新时
代中国特色社会主义经济思想，并将其内涵凝练为"一个新发展理
念"和"七个坚持"。2018 年的中央经济工作会议概括了做好新形势
下经济工作的规律性认识，即"五个必须"：必须坚持党中央集中统
一领导，发挥掌舵领航作用；必须从长期大势认识当前形势，认清我

国长期向好发展前景；必须精准把握宏观调控的度，主动预调微调、强化政策协同；必须及时回应社会关切，有针对性地主动引导市场预期；必须充分调动各方面积极性，形成全局工作强大合力。2019 年的中央经济工作会议将取得成绩的根本原因归结为坚持党中央集中统一领导并提出了工作中形成的"四个必须"重要认识，即必须科学稳健把握宏观政策逆周期调节力度，增强微观主体活力，把供给侧结构性改革主线贯穿于宏观调控全过程；必须从系统论出发优化经济治理方式，加强全局观念，在多重目标中寻求动态平衡；必须善于通过改革破除发展面临的体制机制障碍，激活蛰伏的发展潜能，让各类市场主体在科技创新和国内国际市场竞争的第一线奋勇拼搏；必须强化风险意识，牢牢守住不发生系统性风险的底线。2020 年的中央经济工作会议归纳的"五个根本"，既体现了中央经济工作经验总结的延续性，又彰显了实践发展的新要求，更带有基础性、总领性、全局性。

2021 年 1 月 11 日，习近平总书记在省部级主要领导干部学习贯彻党的十九届五中全会精神专题研讨班上，系统阐述了我国进入新发展阶段、贯彻新发展理念、构建新发展格局的理论逻辑、历史逻辑、现实逻辑。并对"三新"的内在逻辑关系进行了系统论述，即进入新发展阶段明确了我国发展的历史方位，贯彻新发展理念明确了我国现代化建设的指导原则，构建新发展格局明确了我国经济现代化的路径选择。这代表着我们党基于"五个根本"的规律性认识，对新发展阶段贯彻新发展理念、建设新发展格局有了更为系统深刻的认识，必将推动全面建设社会主义现代化国家伟大事业顺利实现。

二、"五个根本"是新阶段经济工作的规律性认识

2020 年中央经济工作会议将新发展阶段经济工作的规律认识凝练成"五个根本",展现了以习近平同志为核心的党中央引领中国经济巨轮破浪前行的高超智慧,充分彰显了党中央从容应对前进道路上风险挑战的娴熟能力,是我们做好经济工作的重要认识论和方法论。

(一)党中央权威是危难时刻全党全国各族人民迎难而上的根本依靠

党中央权威是危难时刻全党全国各族人民迎难而上的根本依靠,在重大历史关头、重大考验面前,党中央的判断力、决策力、行动力具有决定性作用。这一重大认识,是大浪淘沙积淀成的历史性结晶,是中国人民历经千难万险得出的规律性认识,具有深厚的历史基础、民心基础和现实基础。

中国特色社会主义最本质的特征是中国共产党领导,中国特色社会主义制度的最大优势是中国共产党领导。党中央权威是从历史中形成并不断强固的,同时也在不断经受着历史的检验。新中国成立以来,在建设社会主义伟大事业的征程上,我们经历过诸多艰难时刻,但历史紧急关头的挫折都没有阻碍中国前进的步伐,惊心动魄的伟大斗争需要党中央权威,也极大地强化了党中央权威。比如,新中国成立伊始,国际国内反对势力强大,民生发展压力巨大。但我们党没有被吓倒,在党中央的坚强领导下,从实际出发确立了过渡时期总路线,团结一切可以团结的力量,稳定物价、组织生产,用最快的速度恢复了国民经济秩序,为社会主义建设奠定了良好基础。在经历

20 年的曲折探索，尤其是"文化大革命"时期的混乱之后，在党中央坚定指挥下，于艰难困苦中拨乱反正，推动改革开放，开启了 40 多年的高速发展之路。2020 年，面对突如其来的新冠肺炎疫情，以习近平同志为核心的党中央统揽全局、果断决策，以非常之举应对非常之事，团结带领全党全国各族人民经受住了这场历史大考，再次证明"中国共产党所具有的无比坚强的领导力，是风雨来袭时中国人民最可靠的主心骨"。

正是因为中国共产党具有自我净化、自我完善、自我革新、自我提高的能力和党中央危难时刻的担当引领，领导人民创造了世所罕见的经济快速发展奇迹和社会长期稳定奇迹，在人民心中矗立起了丰碑。民心是最大的政治，民心向背决定着执政党的生死存亡和国运兴衰。党中央每作出一个以人为本的决策，就能给人民增添一份力量，同时也在民心深处确立起更高威望。

"事在四方，要在中央。"党中央是党的大脑和中枢，在国家治理体系的大棋局中，党中央是坐镇中军的"帅"。党中央权威是我们党治国理政的战略定盘星，是实现中国特色社会主义事业的现实需要。党中央抓住了经济工作这个"牛鼻子"，就是抓住了治国理政的关键。如果党中央没有权威，大家各行其是，党对经济工作的领导就会成为一句空话。在 2019 年中央经济工作会议上，习近平总书记强调，"成绩来之不易，根本原因在于我们坚持党中央集中统一领导，保持战略定力，坚持稳中求进，深化改革开放，充分发挥中央和地方两个积极性。"[1] 因此，在新发展阶段，要把党领导经济工作的制度优势转化为高质量发展的效能，就必须坚定"四个自信"，增强"四个意识"，做

---

[1] 《中央经济工作会议在北京举行　习近平李克强作重要讲话》，《人民日报》2019 年 12 月 13 日。

到"两个维护",提高维护党中央权威的思想自觉、行动自觉,"一张蓝图绘到底""一棒接着一棒跑",更好地坚持和完善公有制为主体、多种所有制经济共同发展,按劳分配为主体、多种分配方式并存,社会主义市场经济体制等社会主义基本经济制度,解放生产力、发展生产力,消灭剥削、消除两极分化,最终实现共同富裕。

(二)人民至上是作出正确抉择的根本前提

人民至上是作出正确抉择的根本前提,只要心里始终装着人民,始终把人民利益放在最高位置,就一定能够作出正确决策,确定最优路径,并依靠人民战胜一切艰难险阻。这一规律性认识,是以习近平同志为核心的党中央坚持马克思主义"以人民为中心"的发展观,在经济建设中坚持群众观点、践行群众路线的实践总结,凸显了我们党矢志不渝坚持人民至上的价值追求。

人民至上,是马克思主义唯物史观的本质要求。马克思指出,"历史活动是群众的事业,随着历史活动的深入,必将是群众队伍的扩大"①,作为人民群众主体的无产阶级则是人类解放的"心脏"。作为马克思主义政党的中国共产党,自诞生之日起,就把自己认定为中国工人阶级的先锋队,中华民族的先锋队,是最广大人民根本利益的忠实代表,除了人民利益之外没有自己的特殊利益。这是我们党区别于资产阶级政党的显著标志。从本质上讲,党的理论就是以人民为中心的理论,党的路线就是以人民为中心的路线,党的事业就是以人民为中心的事业。

以毛泽东同志为主要代表的中国共产党人,将人民观点、人民立

---

① 《马克思恩格斯全集》第 2 卷,人民出版社 1957 年版,第 104 页。

场、群众工作方法以及全心全意为人民服务的根本宗旨贯穿于全党活动之中，进而完成了新民主主义革命，建立了中华人民共和国，确立了社会主义基本制度，成功实现了中国历史上最深刻最伟大的社会变革。党的十一届三中全会以来，以邓小平同志为主要代表的中国共产党人，以巨大的政治勇气和理论勇气推动改革开放，探索中国特色社会主义的本质特征，以极大的理论和实践勇气确立了社会主义市场经济体制。以江泽民同志为主要代表的中国共产党人，坚持"三个代表"应对亚洲金融危机、推动扩大内需，领导人民实现了总体小康的建设任务。以胡锦涛同志为主要代表的中国共产党人，构建社会主义和谐社会，以科学发展观为引领，扎实推进全面建设小康社会等重大任务。党的十八大以来，以习近平同志为核心的党中央始终把人民放在心中最高位置，脱贫攻坚、全面建成小康社会，不仅成功把中国特色社会主义推进新时代，并开启了全面建设社会主义现代化的新征程，让中国人民在富起来、中华民族在强起来的征程上迈出了决定性步伐。中国共产党百年奋斗史证明，只要心里始终装着人民，始终把人民利益放在最高位置，就一定能够作出正确决策，确定最优路径，实现共享发展。

人民至上不是空洞口号，必须落实到具体政策中，必须在人民群众的实践中才能得以检验。人民拥护不拥护、赞成不赞成、高兴不高兴、答应不答应是衡量我们一切工作得失的根本标准。以习近平同志为核心的党中央深切了解群众、时刻想着群众、心里装着群众，在执政实践中不断树立和践行人民公仆理念，始终把人民写在960多万平方公里的大地上，积极推进打好"三大攻坚战"、落实"六稳""六保"、抗击新冠肺炎疫情等一系列重大工作。人民至上是作出正确抉择的根本前提也告诫我们，新发展阶段落实好"十四五"规划目标任务、到 2035 年基本实现现代化、到本世纪中叶全面建成社会主义现代化，必须以人民为本，用共同理想团结人民、用共同目标凝聚人民、用成果共享激励人民，始终与人民手牵手、心连心。只有如此，我们才能走在正确的道路上，创造出新的发展奇迹，续写中国特色社会主义发展新的篇章。

（三）制度优势是形成共克时艰磅礴力量的根本保障

制度优势是形成共克时艰磅礴力量的根本保障，只要坚定"四个自信"，坚持集中力量办大事的制度优势，就一定能够使全党全国各族人民紧密团结起来，发挥出攻坚克难、推动事业发展的强大能量。这一规律性认识，是以习近平同志为核心的党中央在对人类社会发展规律、社会主义建设规律和共产党执政规律深刻认识的前提下，开启"中国之治"新境界，坚持和完善中国特色社会主义制度、推进我国国家治理体系和治理能力现代化的重大理论创新。

制度优势是一个政党、一个国家的最大优势。邓小平同志说过："制度好可以使坏人无法任意横行，制度不好可以使好人无法充分做好事，甚至会走向反面。"① 中国特色社会主义制度是人类制度文明史上的伟大创造，是我们党团结带领全国各族人民在长期探索中逐步形成的，是把马克思主义基本原理与中国社会主义建设、改革开放实际相结合的产物。首先，中国特色社会主义制度具有科学的理论和丰富的实践基础，它是以马克思主义基本原理为指导的，吸收了社会主义建设实践经验，具有系统的理论基础；它植根于中国历史文化，吸取了中国传统优秀的执政治国思想，具有深厚的中华文化根基；它是在

---

① 《邓小平思想年编：1975—1997》，中央文献出版社 2011 年版，第 325 页。

深刻总结国内外正反两方面经验，在经受各种严峻的考验中形成和发展起来的，具有顽强的生命基因。其次，中国特色社会主义制度是与时俱进的。这主要体现为我们能根据社会主要矛盾的变化，从温饱生活、小康社会、全面小康到社会主义现代强国，继往开来、相互衔接地确立阶段性目标；对于发展过程中出现的各种体制缺陷和机制弊端等问题，能够自我主动改革，不断促进制度的完善和发展。最后，中国特色社会主义制度具有较强的顶层战略设计特征。中国共产党的性质决定了其能够自觉为全社会设置战略性愿景，长期执政作为一种制度安排，则使得党的决策能够站得高、看得远，并通过一届接着一届的接续奋斗，推动国家长远目标的不断实现。

党的十九届四中全会将中国特色社会主义制度优势系统总结为十三个方面：坚持党的集中统一领导，坚持党的科学理论，保持政治稳定，确保国家始终沿着社会主义方向前进的显著优势；坚持人民当家作主，发展人民民主，密切联系群众，紧紧依靠人民推动国家发展的显著优势；坚持全面依法治国，建设社会主义法治国家，切实保障社会公平正义和人民权利的显著优势；坚持全国一盘棋，调动各方面积极性，集中力量办大事的显著优势；坚持各民族一律平等，铸牢中华民族共同体意识，实现共同团结奋斗、共同繁荣发展的显著优势；坚持公有制为主体、多种所有制经济共同发展和按劳分配为主体、多种分配方式并存，把社会主义制度和市场经济有机结合起来，不断解放和发展社会生产力的显著优势；坚持共同的理想信念、价值理念、道德观念，弘扬中华优秀传统文化、革命文化、社会主义先进文化，促进全体人民在思想上精神上紧紧团结在一起的显著优势；坚持以人民为中心的发展思想，不断保障和改善民生、增进人民福祉，走共同富裕道路的显著优势；坚持改革创新、与时俱进，善于自我完善、自我发展，使社会始终充满生机活力的显著优势；坚持德才兼备、选贤任能，聚天下英才而用之，培养造就更多更优秀人才的显著优势；坚持党指挥枪，确保人民军队绝对忠诚于党和人民，有力保障国家主权、安全、发展利益的显著优势；坚持"一国两制"，保持香港、澳门长期繁荣稳定，促进祖国和平统一的显著优势；坚持独立自主和对外开放相统一，积极参与全球治理，为构建人类命运共同体不断作出贡献的显著优势。这些显著优势，是我们坚定中国特色社会主义道路自信、理论自信、制度自信、文化自信的基本依据，是取得发展成就的根本原因，是保持战略定力的有力支撑，是全面深化改革的根本保障。

（四）科学决策和创造性应对是化危为机的根本方法

科学决策和创造性应对是化危为机的根本方法，只要准确识变、科学应变、主动求变，就一定能够在抗击大风险中创造出大机遇。这一规律认识，充分反映了以习近平同志为核心的党中央科学研判形势与任务，分析评估危局困境的根源、形式、态势和可预见的后果，统筹国内国际两个大局，及时捕捉和发现主要矛盾和矛盾的主要方面，抓住要害，果断制定有效应对的大政方针与有力举措的伟大实践，是我们党抓好经济工作、推动高质量发展的关键所在。其中，对于"时"与"势"的正确认知和从容把握，蕴含着把握全局的系统观念、兼顾当前长远的辩证思维、坚守包容发展的政策理念，体现了见叶知秋的敏锐、宽广独到的视野、未雨绸缪的远见。

科学决策是治国理政的基础工作和主要内容，是有为政府宏观经济治理的基本要求，是在当前国内外不确定环境下，发展高质量经济，防范化解各类经济社会风险，实现"十四五"良好开局的关键。"备豫不虞，为国常道。"近年来，外部环境的"逆风逆水"、经济下行的"压力测试"、疫情汛情的"突发加试"，都证明发展之路不可能一帆风顺，必然会遇到这样那样的风险挑战。可以说，在应对挑战中超越自我，是我国经济发展的不变逻辑，准确把握"危"与"机"的辩证关系，是我国经济发展的永恒课题。当前，面对世界百年未有之大变局和错综复杂的国际国内形势，决策环境、决策内容、决策目标等都出现新要求，唯有准确识变、科学应变、主动求变，遵循科学决策原则与机制，创新性制定因地制宜、因时制宜的应对措施，才能实现稳中求进、统筹发展、化危为机，推动经济高质量发展。

面对严峻复杂的国际形势、艰巨繁重的国内改革发展稳定任务特别是新冠肺炎疫情的严重冲击，站位全局、立足实际，在实践的风口浪尖中磨砺和锤炼，增强发现问题、见微知著的敏锐性，保持一往无前、充沛顽强的斗争精神，发挥主观能动性、增强工作创造性，是所有发展主体，尤其重要决策主体的应有之为。具体说来，首先，是要做到全面、系统掌握经济发展现状，客观分析经济发展存在问题、制约经济发展目标障碍，制定应对不同领域不同区域的不同层次应对方案；其次，是要遵循科学决策程序，细化科学决策每一个步骤，尤其要结合自评和第三方评价，做好事前调研评估、事中跟踪评估和事后反馈评价，做到心中有数、顺势而为、化危为机；最后，要注重统筹兼顾、全面协调建设现代化经济体系，构建新发展格局。

（五）科技自立自强是促进发展大局的根本支撑

科技自立自强是促进发展大局的根本支撑，只要秉持科学精神、把握科学规律、大力推动自主创新，就一定能够把国家发展建立在更加安全、更为可靠的基础之上。这一规律性认识是我们党统筹发展和安全两件大事的认识前提和行动指南，体现了中央把握世界大势、在科学研判"变"与"不变"中做好自己的事的战略定力，也蕴含着遵循发展规律、在辩证分析"危"与"机"后确保国家发展安全可靠的战略智慧。

把科技自立自强作为促进发展大局的根本支撑，是规律，也是经验。当前，科学技术对经济发展的作用比以往任何时候都更加显著。2020年，面对新冠肺炎疫情和百年变局交织、全球经济衰退和美国遏制打压升级叠加等复杂挑战，我们牢牢守住底线，坚持做好自己的事，坚定不移把创新作为引领发展的第一动力，交出了一份亮眼的科技创新答卷，科技进步对我国经济增长的贡献率达到60%以上，大数据防控疫情成绩斐然、嫦娥五号探测器成功发射、量子计算原型机"九章"问世、"奋斗者"号完成万米海试……一系列前沿科技取得重大突破，不仅确保了中国经济在世界经济整体衰退中实现正增长，也充分证明我们具备科技自立自强的能力和实力，为迈向"十四五"高质量发展新征程注入了强大的创新底气和信心。但同时也应看到，我国科技创新领域还存在一些亟待解决的突出问题，比如，科技投入强度偏低，不少产业处于全球价值链中低端；一些关键核心技术和装备受制于人，"卡脖子"问题还比较突出；基础研究仍然薄弱，原始创新能力不足；国家创新体系整体效能有待提升，创新人才培养和储备亟须加强。面对全球新一轮科技革命和产业变革，加快构建新发展格局，创新要自立，科技要自强。

自立自强永远是一个国家、一个民族安身立命最坚实的依靠和屏障。放眼全球、环顾国内，面对各种不确定性的挑战和困难，我们要想于危机中育先机、于变局中开新局，就必须依靠科技创新的保障和支持。关键核心技术要不来、买不来、讨不来。只有坚决把住关键核心技术这一发展"命门"，努力实现更多"从 0 到 1"的原始创新，才能把科技发展的主动权牢牢掌握在自己手中，才能从根本上保障企业安全、产业安全、经济安全、国防安全和其他安全，才能使国家民族的发展基础更为坚实、更为可靠。

科技自立自强不仅要求核心技术和关键产业链的自主、安全、可控，也强调必须实现更高质量、更有效率的创新。这就要求我们必须坚持系统观念，针对制约国家发展和安全的重大难题，找准科技创新方向和重点，全局谋划、整体推进。首先，要充分发挥政府的主导和保障作用。要健全新型举国体制，发挥国家作为重大科技创新组织者的作用，坚持战略性需求导向，确定科技创新方向和重点，整合创新资源，将有关政府部门、企业界、科技界以及其他社会力量纳入创新网络，着力解决制约国家发展和安全的重大难题，打造"四个面向"的发展新优势。其次，要充分发挥企业的主体作用。要培养一批具有强大创新能力的企业，支持其成为创新决策、研发投入、科研组织、成果转化的主体。鼓励国有企业和领军企业牵头承担或与其他科研院所联合承担国家重点研发计划项目、国家重大科技专项、技术创新引导专项（基金）、国家自然科学基金重大项目等科研项目，支持其牵头组建重大创新联合体。同时，支持创新型中小微企业成长为技术创新的重要发源地，大力推动科技成果商品化、产业化进程，推动数字经济与实体经济深度融合。最后，坚持在开放合作中提升自主创新能力。要以开放的国际视野，加大国家科技计划对外开放力度，鼓励我国科技工作者走向国际科技舞台，积极参与重要国际科技组织工作，不断加强国际科技协同创新体系建设。在此基础上，广泛吸引全球创新人才来华工作创业，为来华工作创业的海外人才提供更多便利条件。

三、经济工作规律性认识是实现高质量发展的基本遵循

习近平总书记指出，推动高质量发展，是保持经济持续健康发展的必然要求，是适应我国社会主要矛盾变化和全面建成小康社会、全面建设社会主义现代化国家的必然要求，是遵循经济规律发展的必然要求。进入高质量发展阶段，我国供需条件、要素条件和潜在增长率发生重要变化，如果不顾客观实际追求高速增长，势必带来较大风险隐患。为此，必须观大势谋全局，从新发展阶段的实际情况出发，充分认识经济发展和经济工作的基本规律，以新发展理念为指导，全面发挥主体能动性，坚持人民至上的根本前提，以党中央的坚定领导为根本依靠，以制度优势为根本保障，以科技创新为根本支撑，以科学决策为根本方法，推动高质量发展，建设新发展格局，提高国际竞争力，增强国家综合实力和抵御风险能力，有效维护国家安全，实现经济行稳致远、社会和谐安定。

（一）深刻认识经济工作规律的体系性和发展性

"五个根本"的经济工作规律性认识，是马克思主义政治经济学的重要构成部分，对其需要从整体的系统性和长期的动态性不同维度进行把握。

承认人类社会历史发展的规律性，认识和把握经济发展中的客观规律，是马克思主义的重要出发点，也是中国发展道路取得成功的关键。习近平总书记强调指出，要立足我国国情和我国发展实践，"把握规律，坚持马克思主义立场、观点、方法，透过现象看本质，从短期波动中探究长期趋势，使理论和政策创新充分体现先进性和科学

性"①，把实践经验上升为系统化的经济学说，不断开拓当代中国马克思主义政治经济学新境界。

第一，坚持系统观念，认识把握经济工作规律的系统性。系统是表征事物联系和发展的特定形式的重要范畴与基本观点。自觉从系统观点出发去把握事物本质及其发展规律，善于运用系统观点洞察问题、分析问题、解决问题，是马克思主义理论的基本特征，也是重要的思想方法和工作方法。经济发展是生产力和生产关系的系统性结果。因此，对经济现象的分析，对经济工作的认识，都需要以系统观念为指导，全面把握其系统性，对其中的要素—系统、结构—功能等维度的基本特征和演化趋势进行全面认识。

第二，运用发展眼光，认知把握经济工作规律的动态性。任何事物都不是单一、片面、静止的，任何事物都在普遍联系之中，矛盾是对立统一的，并在对立统一中发展变化。要透过表象看本质，就要用全面的、发展的眼光去看待问题，不能用片面的、静止的眼光去看待事物，要在"打碎、重塑"之间不断深入，才能厘清事物的内在含义。经济工作是基于经济发展内在规律的行为表达，是生产、消费、交换、分配循环中的主体行为综合。因此，经济工作必须根据经济的内在规律要求而不断动态调整，其规律性认识也就需要具有发展的眼光。

第三，拓展开放视野，认识经济工作规律的普遍性和特殊性。任何经济活动都受到时空条件的制约，适应于此，经济工作便也有了时空边界。但随着经济活动联系的不断拓展，一体化进程的不断深入，经济系统的开放性特征越来越突出，这就要求经济工作要有开放视

---

① 习近平：《在经济社会领域专家座谈会上的讲话》，人民出版社 2020 年版，第 12 页。

野，既要研究一般性规律，又要立足本地实际研究其特殊规律。对中国而言，我们既需要以人类命运共同体为基本参照，研究把握经济工作的一般性规律，又要研究把握经济工作的特殊性规律，尤其是研究中国特色发展中的规律性成果，为世界贡献中国智慧、中国方案。

（二）深化经济工作规律认识保持战略定力

"五个根本"的经济工作规律性认识，是复杂环境下保持战略定力的首要前提。因此，要不断深化认识，并以实践检验，更好保持发展的战略定力。

《大学》开篇便有"知止而后有定，定而后能静，静而后能安，安而后能虑，虑而后能得"的论述。一个人有定力，才能处变不惊、"泰山崩于前而色不变"；一个国家和民族有战略定力，才能临危不惧、"任尔东西南北风"。习近平总书记指出："战略问题是一个政党、一个国家的根本性问题。战略上判断得准确，战略上谋划得科学，战略上赢得主动，党和人民事业就大有希望。"[1] 在国际形势风云变幻、国内改革攻坚克难的今天，面对风险与挑战，能不能始终保持坚如磐石的战略定力，是检验政治品格的试金石，也是实现改革发展稳定的压舱石。

战略定力，是对发展方向、发展战略的坚持，是蹚过艰难险阻的主体能力。体现为能够根据规律认知独立自主地分析客观形势，坚定战略方向，为实现战略意图和战略目标而审时度势作出科学判断和正确选择，它既是一种冷静睿智的战略思维能力，也是一种坚定沉着的战略行动能力。因此，保持战略定力的首要前提就是认识把握事物发展变化的客观规律。

---

① 习近平：《在纪念邓小平同志诞辰 110 周年座谈会上的讲话》，《人民日报》2014 年 8 月 21 日。

当前，我国经济发展环境复杂多变，从世界看，是百年未有之大变局；从国内看，改革进入深水区，各类矛盾相互交织，改革的敏感程度前所未有、复杂程度世所罕见。这就需要我们坚持"五个根本"的规律性认识，牢牢把握住经济工作的基本盘，充分认识社会主义初级阶段这个最大国情，牢牢立足社会主义初级阶段这个最大实际，更准确地把握世情、国情的新变化。不为各种错误观点所左右，不为各种干扰杂音所迷惑，坚持一切从实际出发，以我为主。在制定政策时冷静观察、谋定后动，在改革实践中清醒研判、凝聚共识，在国际争端中平心静气、静观其变，牢牢把握改革的领导权和主动权，做到"任凭风浪起，稳坐钓鱼船"。善于从长远角度看待当前形势，从全局高度看待未来目标，坚持稳中求进的工作基调，该稳的要稳住，该进的要进取，把握好工作的节奏和力度，保持工作方式方法上的稳定性、持续性和创新性，以强烈的历史责任感和深沉的使命忧思感，凝神聚力办好自己的事，为人民谋幸福，为中华民族谋复兴。

（三）遵循经济工作规律构建高质量发展协同体系

高质量发展是体现新发展理念的发展，是创新成为第一动力、协调成为内生特点、绿色成为普遍形态、开放成为必由之路、共享成为根本目的的发展。高质量发展是新发展阶段的主题，是立足根本、掌控全局、着眼未来的发展方向和发展目标，旨在优化经济结构、转换发展模式、提升发展动力的宏观战略，以实现很好满足人民日益增长的美好生活需要的根本目的。"五个根本"的经济工作规律性认识，为高质量发展协同体系的建设提供了理论支撑。

高质量发展需要完善生产力发展的动力机制。生产力水平主要体现为生产工具的不断发展，而生产工具又是技术的物化表达。因此，高质量发展需要通过独立自主创新，不断推动生产力发展的动力转换，在动力转换的基础上培育出高质量发展的新动能。"十四五"及今后一段时期，高质量发展的动力转换主要是指通过新科技革命、新产业变革产生的经济发展新动力、新模式形成新的经济发展动力。经济发展的动力有供给推动和需求拉动两种，过去的旧动力主要是需求侧的拉动力，但是完全依靠需求侧的市场调节和需求管理不能完全解决高质量发展问题，这就需要进行动力转换。高质量发展的动力转换就是从以需求侧为主的动力转向基于供求动态平衡的供给侧为主的新动力，进而形成以供给侧为主，需求侧动力转型，供给侧和需求侧两侧共同发力的高质量发展新动力体系。

高质量发展需要完善适应生产力高质量发展要求的生产关系。改变既有生产关系，首先需要通过制度创新，进一步提升党领导经济工作的能力，提升科学决策水平，充分发挥制度优势。党对经济工作的领导能力关键是党中央的权威性能够得以充分保障，其集中全党全社会智慧凝成的发展战略能够得以坚持，这就需要正确处理好执政党与政府、市场主体、社会组织等相关主体的边界，更加注重客观规律、制度体系与具体运行机制之间的衔接配合，协调安排好路线、方针、政策、战略、措施，实现原则性与灵活性、统一性与多样性相统一，推动建立起充分彰显党中央权威，有效发挥制度优势，确保市场有效运行的国家治理体系。其次是充分发挥人民至上的主体性优势，充分激活不同发展主体的活力，推动建设统一畅通的要素市场，形成劳动力、资本、土地、技术和数据等生产要素更优配置的社会主义市场经济体制。

（阎荣舟　中央党校（国家行政学院）经济学部副教授）

.

第三章
宏观经济政策要把握好时度效

面对外部环境变化带来的挑战，实现化危为机，宏观政策贵在把握好时机、节奏和力度。当前和未来一段时期，疫情变化和外部环境仍存在诸多不确定性，我国经济恢复基础尚不牢固，要保持宏观政策连续性、稳定性、可持续性，保持对经济恢复的必要支持力度。要用好宏观政策工具箱，特别是财政和货币两大宏观政策工具，既注重总量改善，也注重结构优化。科学精准施策是形势所需、大势所趋，把握这个基调，宏观政策就能够有的放矢，克服粗放式管理问题，在正确的方向上持续发力，稳定市场信心和预期。

2021 年是我国现代化建设进程中具有特殊重要性的一年——中国共产党建党一百周年，"十四五"开局之年，加快构建新发展格局的起步之年，第二个"百年目标"开局之年。为此，怎样真正科学精准实施宏观政策，努力保持经济运行在合理区间显得尤为重要、更为紧迫。

一、2020 年以来的宏观经济运行趋势和特点

2020 年是新中国历史上极不平凡的一年。在外部环境更加复杂严峻的情况下，我国经受住了世界经济深度衰退、艰巨繁重的国内改革发展稳定任务特别是新冠肺炎疫情等多重严重冲击，以习近平同志为核心的党中央准确判断形势，精心谋划部署，果断采取行动，经过全党全军全国各族人民的万众一心、艰苦努力，交出了一份人民满意、世界瞩目、可以载入史册的答卷，成为全球唯一实现经济正增长的主要经济体。①

（一）2020 年宏观经济运行基本趋势和特点

1. 宏观调控成效显著，经济运行保持在合理区间

2020 年我国 GDP 达到 101.6 万亿元，经济总量迈上百万亿元新

---

① 2020 年中国四个季度的经济增长率分别为-6.8%、3.2%、4.9%、6.5%，全年为 2.3%。

的大台阶，全部实现了政府工作报告提出的宏观调控主要目标，且好于预期。其中，物价总体稳定，居民消费价格指数比 2019 年上涨 2.5%，低于 3.5% 左右的预期目标；全国居民人均可支配收入基本与 GDP 增速保持同步，实际增长 2.1%；1—11 月份，规模以上工业企业利润同比增长 2.4%，且增速实现连续 6 个月的两位数增长；年末外汇储备余额比 2019 年末增加了 1086 亿美元，达到 32165 亿美元；单位 GDP 能耗比 2019 年下降 0.1%。需要强调的是，2020 年，消费仍然是经济稳定运行的压舱石。最终消费支出占 GDP 比重比资本形成总额占比高 11.2 个百分点，达到 54.3%。①

2."六稳""六保"落地显效

2020 年，全国城镇新增就业超额完成了全年目标任务，达到 1186 万人，全国城镇调查失业率年均 5.6%，低于 6% 左右的预期目标，尤其是在 12 月份，25—59 岁全国就业主体人口的城镇调查失业率为 4.7%，恢复至 2019 年同期水平；货物进出口总额创历史新高，比 2019 年增长 1.9%②；1—11 月份的实际使用外资同比增长 6.3%；全国居民人均转移净收入比 2019 年实现名义增长 8.7%；全年规模以上工业 41 个大类行业中，增加值实现增长的行业比前三季度增加 5 个，达到 25 个，实现了产业链、供应链的基本稳定；粮食市场供应充足、运行平稳，全年总产量达到 13390 亿斤，为保持社会稳定奠定了重要物质基础；1—11 月份全国一般公共预算支出中，与基层"三保"有关的社会保障和就业、住房保障、扶贫支出分别增长 9.8%、

---

① 《国新办举行 2020 年国民经济运行情况新闻发布会》，2021 年 1 月 18 日，见 http://www.scio.gov.cn/index.htm。

② 国家统计局：《中华人民共和国 2020 年国民经济和社会发展统计公报》，2021 年 2 月 28 日，见 http://www.stats.gov.cn/。

9.5%、9.2%，从而为基层有效运转打下了较好基础。①

3.坚持不搞"大水漫灌"，科学把握规模性政策的平衡点

一方面，针对新冠肺炎疫情对经济不确定性的加剧，以及所引发的财政收支矛盾加剧，2020年我国实施了更加积极有为的财政政策，安排了37600亿元的全国政府财政赤字，赤字率首次突破3%。② 这与全球平均水平和发达国家相比，既有利于释放积极明确的信号，提振市场信心，又科学把握了规模性政策的平衡点，有效支撑了全年经济社会发展目标的完成。③ 同时，我国还发行抗疫特别国债1万亿元和地方专项债3.75万亿元。

另一方面，为较好地支持新冠肺炎疫情防控和经济恢复，2020年我国在完成基本预定目标的基础上，坚持不搞"大水漫灌"，而是"有所加大"货币政策力度。其中，新增人民币贷款19.63万亿元，同比多增2.82万亿元；社会融资规模增量累计为34.86万亿元，比2019年多9.19万亿元。④ 央行通过三次降低存款准备金率，为实体经济提供了1.75万亿元长期流动性。另外，信贷结构持续优化，制造业企业、中小微企业贷款持续发力，中长期贷款增加，金融对实体经济重点领域的精准支持力度进一步加大。

---

① 《国新办举行2020年国民经济运行情况新闻发布会》，2021年1月18日，见 http://www.scio.gov.cn/index.htm。

② 中华人民共和国财政部：《关于2020年中央和地方预算执行情况与2021年中央和地方预算草案的报告》，2021年3月6日，见 http://www.mof.gov.cn/index.htm。

③ 2019年全球赤字率平均为3.7%，发达国家为3%。2020年全球赤字率将上升至9.9%，发达国家升为10.7%。其中，美国约为15.4%，法国约为19.2%，英国约为8.3%，日本约为7.9%，新兴市场和发展中国家平均为9%左右。参见《扎实做好"六稳""六保"工作　奋力完成全年经济社会发展目标任务发布会》，2020年5月24日，见 http://www.scio.gov.cn/xwfbh/xwbfbh/wqfbh/42311/43107/index.htm。

④ 中国人民银行：《2020年金融统计数据报告》，2021年1月21日，见 http://www.pbc.gov.cn/。

4.注重用改革和创新办法，助企纾困和激发活力并举

"放管服"改革的成效不断显现，2020 年前三季度，我国日均新设企业 2.2 万户，日均净增 1.2 万户。① 通过多种方式帮助受冲击最直接且量大面广的中小微企业和个体工商户渡过难关。例如，与制度性安排相结合，实施阶段性大规模减税降费；支持银行定向增加贷款并降低利率水平，对中小微企业贷款延期还本付息，大型商业银行普惠小微企业贷款增长 50% 以上；创新宏观政策实施方式，建立中央财政资金直达机制，同时，省级财政加大资金下沉力度，共同为市县基层落实惠企利民政策及时补充财力。关于大企业复工复产，我国亦开展和加强了一系列"点对点"服务工作，效果明显。

（二）2021 年 1—2 月以来宏观经济运行基本趋势和特点

第一，就业物价总体稳定。受春节因素和局部地区聚集性、散发疫情影响，2 月的全国城镇调查失业率为 5.5%，比 1 月略上升 0.1 个百分点，但比 2020 年同期回落 0.7 个百分点。2 月居民消费价格同比下降 0.2%，降幅比上个月收窄 0.1 个百分点。

第二，生产需求持续恢复，市场预期趋好。1—2 月规模以上工业增加值比 2019 年同期增长 16.9%，两年平均增长 8.1%，是近年来同期较高水平。1—2 月全国工业生产者出厂价格同比上涨 1.0%，全国工业生产者购进价格同比上涨 1.6%。服务业生产指数、社会消费品零售总额、固定资产投资、货物进出口总额、全社会货运量、全社会用电量等指标都保持了较快增速。2 月制造业采购经理指数 50.6%，非制造业商务活动指数 51.4%，这两项指标均连续 12 个月位于临界

---

① 国家市场监督管理总局：《前三季度全国新设市场主体 1845 万户》，2020 年 10 月 31 日，见 www.samr.gov.cn。

点以上。

第三，创新动能不断增强。1—2 月高技术增加值两年平均增长 13%，装备制造业增加值增长 10.2%，这两个速度明显高于全部规模以上工业 8.1% 的增速。1—2 月实物商品网上零售额比 2020 年同期增长 30.6%，两年平均增长 16%，占社会消费品零售总额的比重为 20.7%，这说明新业态对经济恢复发挥了重要作用。新能源汽车、工业机器人等新产品的产量两年平均增速达到 30% 以上。

总体来看，当前宏观经济正在延续稳定恢复的基本态势，经济循环不断畅通，市场预期日趋向好。

二、宏观经济政策"时""度""效"的内涵

宏观调控既是一门科学，也是一门艺术。无论是市场机制正常运行时期，还是由重大突发事件引致经济运行"非常时期"，如何以更合理代价取得更大成效，是考量宏观经济政策质量的最重要方面。其间，必须要努力更为准确地把握宏观经济政策"时"和"度"，进而使宏观调控的"效"得以最大化。

（一）2021 年宏观经济运行面临的风险和挑战

虽然 2020 年我国经济取得较大成绩，但必须清醒认识到，现阶段我国面临的国内外环境仍然复杂严峻。

第一，世界经济形势仍然复杂严峻。客观地讲，国际金融危机以来，受科技和产业创新滞后、人口老龄化等影响，发达国家落入了长期低增长陷阱，复苏进程一直不稳定不平衡，这决定了世界经济总体

形势并不乐观。加之新冠肺炎疫情在全球蔓延，发展态势仍具有较大的不确定性，疫情冲击导致的各类衍生风险亦不容忽视，发达经济体引领下的世界经济形势将长期难以走出复杂严峻的基本面。

第二，国内经济恢复的基础尚不牢固。新冠肺炎疫情零星散发，局部地区甚至有可能发生聚集性疫情，使得消费和投资潜力难以充分释放，部分领域依然存在压力，加之体制和政策环境的约束，很多问题难以在短期内得到解决。

总之，正是这些风险和挑战，决定了必须把握好宏观经济政策的"时""度""效"。

（二）准确把握宏观经济政策"时""度""效"

1.宏观经济政策"时"的内涵

所谓宏观经济政策的"时"，是指制定和推出宏观经济政策的"时机"。根据经济运行的具体情况，灵活机动、节奏适度地制定和推出宏观经济政策，从而形成"相机调控"，这是现代市场经济运行中宏观调控的基本要求和手段。它回答了宏观调控"怎么做"与"何时做"的问题。例如，针对新冠肺炎疫情带来的前所未有的经济下行压力，中共中央政治局于2020年4月17日召开会议，首次提出"六保"任务，并强调更加积极有为运用赤字率、特别国债、专项债三大财政手段，同时在年内首次提出"降息"手段，及时为年内宏观经济政策定下了基调。

"时"的恰当与否，对于宏观经济政策的传导过程能否顺畅，以及最终能否达到预期效果至关重要。因此，如何切实把握好宏观经济政策的"时"，是决策者所面临的重大考验。

2. 宏观经济政策"度"的内涵

所谓宏观经济政策的"度",是指所推出的宏观经济政策的"边界"或"范围"。经济实践的复杂性决定了人们很难把宏观经济政策的力度、效应等确定性地量化在某一点上,以"合理区间"的方式确定其"上限"和"下限"更符合客观世界要求和主观能力的可及性,从而形成"区间调控",它回答了宏观调控"做多少"的问题。例如,我国以区间调控的方式提出了 2021 年发展的主要预期目标:国内生产总值增长 6% 以上;城镇新增就业 1100 万人以上,城镇调查失业率 5.5% 左右;居民消费价格涨幅 3% 左右。

3. 宏观经济政策"效"的内涵

所谓宏观经济政策的"效",是指所推出的宏观经济政策最终呈现出的"效果"状态。它回答了宏观调控"怎么样"的问题。2020 年,面对多重严重冲击,我们保持战略定力,准确判断形势,精心谋划部署,果断采取行动,不仅疫情防控取得重大战略成果,而且成为全球唯一实现经济正增长的主要经济体,宏观经济政策"效果"显著。

为了进一步增强宏观经济政策的"效果",中国政府还提出了"定向调控"和"精准调控"。定向调控是一种结构性调控,其目的是抓住经济社会发展的关键领域和薄弱环节,进一步明确宏观调控的"靶点"或者调控方向,即回答应该"做什么"的问题。精准调控使调控目标和相应宏观经济政策更加细化、准确。

三、适宜"时""度""效"下的宏观经济政策选择

尽管当前我国发展面临不少风险挑战,但经济长期向好的基本

面没有改变。2021 年，要在进一步巩固恢复性增长基本盘的基础上，在主要预期目标的引导下，合理把握宏观经济政策的"时""度""效"，保持宏观政策连续性、稳定性、可持续性，不急转弯，保持必要支持力度，继续为市场主体纾困，促进经济运行在合理区间。

（一）积极的财政政策要提质增效、更可持续

1. 适度下调财政赤字，不再发行抗疫特别国债，努力把握好积极财政政策的"度"。由于新冠肺炎疫情得到有效控制，经济恢复的内生动力不断增强，适度下调财政赤字率至 3.2%，地方政府专项债券安排降低为 3.65 万亿元，不再发行抗疫特别国债，是根据形势变化降低"挤出效应"，建设"有为政府"，充分发挥市场决定性作用的重要表现。

2. 加大对保就业保民生保市场主体的支持力度，增强国家重大战略任务财力保障力度。经济恢复步伐的加快，将引致财政收入的恢复性增长，可支配财政支出总规模随之增加。为此，应继续全面落实"六保"任务，尤其是加大对保就业保民生保市场主体的支持力度。同时，"十四五"规划在科技创新、经济结构调整等领域提出了一系列强基础、利长远的国家重大战略性任务。作为"十四五"开局之年，2021 年启动建设的国家重大战略性任务离不开政府的财政投入和组织引导。

3. 优化中央和地方政府支出结构。2021 年，中央本级支出要进一步大幅压减非急需非刚性支出，坚持过紧日子、节用为民，确保基本民生支出只增不减。同时，对地方一般性转移支付增长 7.8%，其中，均衡性转移支付、县级基本财力保障机制奖补资金等增幅要超过10%。要进一步化解地方政府隐性债务风险。

4.建立常态化财政资金直达机制并扩大范围。2020年中央财政通过新设的直达机制快速拨给市县基层政府的资金为2万亿元，2021年要将2.8万亿元中央财政资金纳入直达机制，更加及时有力实现对市县基层惠企利民的财力支持。

5.优化落实减税政策。要本着筑牢经济恢复基础，增强市场主体活力的原则，继续执行制度性减税政策，延长小规模纳税人增值税优惠等部分阶段性政策执行期限，实施新的结构性减税举措，对冲部分政策调整带来的影响。要确保各地按要求及时落实相关减税政策。

（二）稳健的货币政策要灵活精准、合理适度

货币政策要在处理好恢复经济与防范风险关系的基础上，把坚持服务实体经济的方针放到更加突出的位置。

1.货币供应量和社会融资规模增速与名义经济增速基本匹配，把握好流动性的合理充裕"度"，以适度的货币增长支持经济秩序的恢复和高质量发展。保持宏观杠杆率基本稳定，把握好经济恢复和防范风险关系的"度"。

2.进一步解决中小微企业融资"效应"难题。2021年，货币政策要务必做到小微企业融资更便利、综合融资成本稳中有降的方针。第一，延续普惠小微企业贷款延期还本付息政策，进一步加大再贷款再贴现支持普惠金融力度。第二，延续小微企业融资担保降费奖补政策，完善贷款风险分担补偿机制。第三，引导银行扩大信用贷款、持续增加首贷户，推广随借随还贷款，使资金更多流向科技创新、绿色发展，更多流向小微企业、个体工商户和新型农业经营主体，尤其对受疫情持续影响行业企业给予定向支持。第四，大型商业银行普惠小微企业贷款要增长30%以上。第五，适当降低小微企业支付手续费。

第六，创新供应链金融服务模式。第七，优化存款利率监管，推动实际贷款利率进一步降低，继续引导金融系统向实体经济让利。第八，完善金融机构考核、评价和尽职免责制度，激发金融机构服务于中小微企业的积极性。第九，加快信用信息共享步伐。

3.继续深化利率和汇率市场化改革。健全市场化利率形成和传导机制，深化贷款市场报价利率改革，带动存款利率市场化。深化人民币汇率市场化改革，加强宏观审慎管理，引导市场预期，保持人民币汇率在合理均衡水平上的基本稳定。

（三）继续强化就业优先政策、聚力增"效"

经济恢复时期，要更加强化就业优先政策，多管齐下、聚力增"效"，使就业保持在一个稳定而有活力的水平。

1.强化政策支持。第一，对不裁员少裁员的企业，给予必要的财税、金融等政策支持，着力稳定现有岗位。第二，对灵活就业人员给予社保补贴，逐步放开在就业地参加社会保险的户籍限制。第三，降低失业和工伤保险费率，扩大失业保险返还等阶段性稳岗政策惠及范围，延长以工代训政策实施期限。第四，降低就业门槛，动态优化国家职业资格目录，降低或取消部分准入类职业资格考试工作年限要求。

2.多形式促进就业。第一，推动创业带动就业，拓宽市场化就业渠道。第二，支持和规范发展新就业形态。第三，做好高校毕业生、退役军人、农民工等重点群体就业工作，强化对残疾人、零就业家庭成员等困难人员的就业帮扶，促进失业人员再就业。第四，拓展职业技能培训资金使用范围，开展大规模、多层次职业技能培训，完成职业技能提升和高职扩招三年行动目标，建设一批高技能人才培训基地。

3. 健全公共服务体系，提升就业服务质量。2021年，要运用就业专项补助等资金，大力发展各类人才市场、劳动力市场、零工市场，广开就业门路，为有意愿有能力的人创造更多公平就业机会。

（李江涛　中央党校（国家行政学院）公共管理部副主任、教授）

第四章
强化国家战略科技力量

党和国家历来高度重视国家战略科技力量，把建设一支体现国家意志、服务国家需求、代表国家水平的战略科技力量作为科技事业发展的重中之重。强化国家战略科技力量是世界强国提升科技实力的有效途径，是科学技术发展规律的必然要求，也是我国实现科技自立自强的客观要求。要通过深化改革、创新机制、系统推进打造科技创新"国家队"，为推动高质量发展、构建新发展格局提供更有力的保障。

2020 年 12 月召开的中央经济工作会议提出的 2021 年八项重点任务中，强化国家战略科技力量排在首位。这是新时代实现我国科技自立自强，支撑全面建设社会主义现代化国家的必然选择，也是加快建设科技强国的重要任务。2021 年《政府工作报告》又进一步明确指出，强化国家战略科技力量，推进国家实验室建设，完善科技项目和创新基地布局。

国家战略科技力量是指具有基础性、战略性使命的科技创新"国家队"。体现国家意志，以国家重大需求为导向，代表国家水平，实施重大科技创新工程和项目。战略科技力量的影响力和支撑力，直接关系到我国综合国力和国际竞争力的提升，是促进经济社会发展、保障国家安全的"压舱石"，为推动高质量发展、构建新发展格局提供持续创新力。

一、国家战略科技力量的提出

党中央历来高度重视国家战略科技力量。1956 年，我国制定了第一个科学技术战略性计划《1956—1967 年科学技术发展远景规划》，该规划坚持"重点发展，迎头赶上"的方针，提出了国家建设所需要的 57 项重要科学技术任务和 616 个中心问题，并进一步从中综合提出了 12 项重点任务，把计算机技术、半导体技术、自动化技术、电子技术、核技术和喷气技术 6 项技术与开展同位素的应用等作为优先发展的战略重点。除军工尖端技术国家已有特别安排外，其他任务交给了中国科学院，由其集中全国可以集中的科技力量一起做。虽然没有明确提出战略科技力量这一命题，但这种战略部署充分体现了党和国家的战略需求，为"两弹一星"的成功研制、工业和国防的现代化创造了必要的条件。使我国科学技术事业出现了前所未有的新局面。2004 年 12 月，时任中共中央总书记的胡锦涛在视察中国科学院时，从国家发展战略和全局高度明确提出，中国科学院作为国家战略科技力量，不仅要创造一流的成果、一流的效益、一流的管理，更要造就一流的人才。这是"战略科技力量"的提法首次出现在党和国家领导人的讲话中。2013 年 7 月，习近平总书记视察中科院时再次指出，中科院是一支党、国家和人民可以依靠、可以信赖的国家战略科技力量。2016 年 5 月，习近平总书记在全国科技创新大会、两院院士大会、中国科协第九次全国代表大会上的讲话中又进一步指出，政府科技管理部门要抓战略、抓规划、抓政策、抓服务，发挥好国家战略科技力量建制化优势。同年 7 月，国务院在印发的《"十三五"国家科技创新规划》中，紧紧围绕"互联网+""人工智能""大数据"和"健康中国"等国家重点战略领域，提出要聚焦国家目标和战略需求，打造体现国家意志、具有世界一流水平、引领发展的重要战略科技力量。这是"战略科技力量"的提法首次出现在国家科技规划文件中。党的十九大报告也强调要加强国家创新体系建设，强化战略科技力量。党的十九届四中全会审议通过的《中共中央关于坚持和完善中国特色社会主义制度、推进国家治理体系和治理能力现代化若干重大问题的决定》中明确提出要强化国家战略科技力量，健全国家实验室体系，构建社会主义市场经济条件下关键核心技术攻关新型举国体制。

二、强化国家战略科技力量意义重大

（一）强化国家战略科技力量是世界强国提升科技实力的有效途径

从百年世界竞争格局演变来看，世界强国竞争的关键正是国家战略科技力量的比拼。第二次世界大战以来，特别是冷战结束之后，美国能够始终保持世界第一强国的地位，正是由于其拥有一批代表国家战略科技力量的、以世界领先的大科学装置集群为核心的、具有强大创新能力的国家实验室，以及由一批研究型大学与重要企业创新研发机构聚集形成的东、西海岸两大创新城市群。日本以立法形式确立国立科研机构的独特地位和治理机制，使其成为科技研发和产业创新的主要力量，还通过高强度持续支持基础研究，为日本赢得了众多诺贝尔奖获得者。德国组建了以亥姆霍兹国家研究中心为代表的跨学科综合性战略研究机构，以项目为纽带，形成国立科研机构联合体。该联合体有明确的国家任务导向，致力于为经济、科技和社会的重大难题寻找关键解决方案，多年来为德国的科技发展作出了重大贡献。

（二）强化国家战略科技力量是科学技术发展规律的必然要求

从科学发展规律来看，现代科学研究的复杂程度大大提高，逐渐告别"个人英雄时代"，迎来了"大科学时代"。特别是在解决气候变化、能源利用、载人航天、海洋开发、信息网络构建等问题时，由于目标宏大、投资强度高、实施难度大，涉及多学科、多目标、多主体、多要素，仅凭单个科研院所或企业很难承担，必须依靠国家主导，通过资源整合、全局谋划，形成国家战略科技力量，推动大科学工程实施，才能确保实现国家战略目标。强化国家战略科技力量，有助于充分发挥多学科、建制化优势，加快关键核心技术取得重大突破，加快抢占科技制高点。

（三）强化国家战略科技力量是我国实现科技自立自强的客观要求

基础研究和原始创新不足严重影响关键技术和核心技术的突破，严重影响产业链供应链安全。基础研究是整个科学体系的源头，是所有技术问题的"总开关"，是技术进步的先行官。基础研究一方面要遵循科学发现自身规律，以探索世界奥秘的好奇心来驱动，鼓励自由探索和充分的交流辩论；另一方面要通过重大科技问题带动，以问题为导向，在重大应用研究中抽象出理论问题，进而探索科学规律，使基础研究和应用研究相互促进。要解决"卡脖子"的问题，必须要强化基础研究和应用基础研究。习近平总书记在 2020 年 9 月 11 日科学家座谈会上讲到，我国面临的很多"卡脖子"技术问题，根子是基础理论研究跟不上，源头和底层的东西没有搞清楚。基础研究和原始创新最重要的主体是由国家实验室、国家重点实验室、国立科研机构、研究型大学等组成的科技创新"国家队"。因此，强化国家战略科技力量，充分激发创新活力，才能夯实我国科技自立自强的根基，才能将创新的主动权牢牢掌握在自己手中。

三、强化国家战略科技力量的战略举措

中国特色社会主义制度最本质的特征是中国共产党的领导。在党

的集中统一领导下，可以广泛地调动、组织和协调各种资源，多措并举，实现有效市场和有为政府的融合，强化国家战略科技力量，充分体现社会主义集中力量办大事的优势。

（一）更充分发挥国家作为重大科技创新组织者的作用

要充分发挥国家作为重大科技创新组织者的作用，坚持战略性需求导向，确定科技创新方向和重点，着力解决制约国家发展和安全的重大难题。

1.强化顶层设计和系统布局。在成功进入创新型国家行列、完成科技强国建设"三步走"战略目标第一步的基础上，着眼科技强国建设总体目标，制定科技强国行动纲要，系统谋划到 2035 年和 2050 年的发展思路和重点任务，形成科技强国建设的时间表和路线图。瞄准国际科技前沿，合理布局科学研究的方向。未来科学技术路线已经不是从基础研究、应用研究到试验开发的线性模式，而是体系化的交叉融合一体化路线。因此，必须按照体系来布局科学研究，才能真正实现知识与应用的贯通，最终实现科技创新的战略目标即"四个面向"。加强科研软硬基础设施建设，构建开放共享的管理运营机制。研究范式的落后是根本的落后。科学研究范式目前正在从计算科学范式转向数据密集型科学发现范式，对大型复杂研究设施和先进信息基础的要求越来越高，数据已经成为科学研究的核心竞争力。对此，一要高水平、高起点建设一批重大科技基础设施和平台。二要高度重视数据，将数据作为国家战略资源进行采集、管理、分析和应用。发展科技情报事业和产业，用开放共享的数据推动科学研究和技术开发。三要优化国家战略科技力量的空间布局。遵循科技创新区域集聚规律，支持有条件的地方建设国际和区域科技创新中心。加快推进北京怀柔、上海张江、安徽合肥等综合性国家科学中心和粤港澳大湾区综合性国家科学中心先行启动区建设。围绕国家重大区域战略布局，推动国家自主创新示范区、高新区等重点区域高质量发展，打造一大批各具特色的区域创新高地。

2. 构建高水平国家实验室体系。以国家目标和战略需求为导向，整合全国创新资源，推进创新体系优化组合。国家实验室是围绕国家使命，依靠跨学科、大协作、高强度支持开展协同创新，体现国家意志、实现国家使命、代表国家水平的战略科技力量，是面向国际科技竞争的创新基础平台，是保障国家安全的核心支撑，是突破型、引领型、平台型一体化的大型综合性研究基地。众多创新型国家都有发达的高水平国家实验室，例如美国的阿贡国家实验室、德国的亥姆霍兹研究中心、英国的卡文迪许实验室，等等。这些国家实验室虽然战略目标、管理模式、运行机制各不相同，但都具有很强的引领性、战略性、综合性、开放性和学科交叉性，在基础研究、前瞻性研究、颠覆性技术创新方面成果丰硕。我国需要统筹协调国家实验室与国家重点实验室的关系，系统梳理和评估各类国家战略科技力量的研究基础、学科优势、人才分布，进一步整合现有的国家重点实验室、国家工程实验室、国家技术创新中心和国家工程研究中心，在充分调研和论证的基础上，聚焦国家战略目标，适度控制数量，本着协同、开放、共享原则，优化布局结构，构建高水平国家实验室体系。聚焦量子信息、光子与微纳电子、网络通信、人工智能、生物医药、现代能源系统等重大创新领域组建一批国家实验室，重组国家重点实验室，形成结构合理、运行高效的实验室体系。优化提升国家工程研究中心、国家技术创新中心等创新基地。推进科研院所、高等院校和企业科研力量优化配置和资源共享。支持发展新型研究型大学、新型研发机构等新型创新主体，推动投入主体多元化、管理制度现代化、运行机制市场化、用人机制灵活化。

3.组织实施好重大科技任务。紧紧围绕"四个面向"，从国家紧急需要和长远战略要求出发，凝练科技问题，在事关国家安全和发展全局的基础核心领域，制定实施战略性科技计划和科技工程。瞄准人工智能、量子信息、集成电路、生命健康、脑科学、生物育种、空天科技、深地深海等前沿领域，实施一批具有前瞻性、战略性的国家重大科技项目；从国家急迫需要和长远需求出发，集中优势资源攻关新发突发传染病和生物安全风险防控、医药和医疗设备、关键元器件零部件和基础材料、油气勘探开发等领域关键核心技术。

（二）构建关键核心技术新型举国体制

关键核心技术都是复杂综合性技术，其研发突破非一个创新主体能够承担，构建新型举国体制，推动科研力量优化配置和资源共享，便成为"十四五"时期及未来实施创新驱动发展战略和建设科技强国的根本要求，也是我国科技实力加速从量的积累迈向质的飞跃、从点的突破迈向系统能力提升的基本保障。

新型举国体制，最核心的是要处理好政府与市场的关系。不能简单地靠国家计划和行政手段来配置创新资源，而是在政府主导下充分发挥市场整合国内、国际创新要素的效率优势，形成导向明确、优势互补、系统集成、富有活力的体制机制。从政府管理走向政府、市场、企业、科研机构和科研人员等多元利益相关者的协同治理。政府与市场的关系不是此消彼长的关系。市场在资源配置中起决定性作用，恰恰需要政府在其他领域发挥重要作用，从而解决市场失灵和外部性等问题。社会大众对美国科技创新体制有所误解，认为美国通过市场机制解决一切问题，无需发挥政府这只手推动创新。但事实恰恰相反。美国这个通常被认为最能代表自由市场制度的国家，却是在创新领域进行政府干预最多的国家。硅谷成功最大的风险投资者不是私人资本，而是美国政府和军方。英国经济学家马祖卡托在大量案例研究的基础上得出研究结论：众多颠覆性创新的背后政府功不可没，国家或政府在创新生态系统中的地位和作用不可替代、不可或缺。在关键核心技术攻坚上，必须充分发挥政府战略引领、战略规划、资金支撑和资源调配等方面的作用，同时利用市场化手段加大人才的吸引力，打造关键核心技术的需求拉动力，发挥政策链、创新链、资金链和产业链的协同力。当然，我们也要充分认识社会主义市场经济条件下新型举国体制的适应性。解决"卡脖子"问题，关键核心技术必须尽可能多地掌握在自己手里。但由于人力物力财力以及时间所限，我们不可能对所有尚未掌握的关键核心技术进行全覆盖自主创新，不能陷入全面自主创新竞争陷阱，要坚持有所为有所不为，集中优势兵力，突出重点。一是优先选择被美国独家"卡脖子"的关键核心技术进行攻关；二是加大"撒手锏"技术的研发，拉长我们的长板技术，尽早形成"你中有我、我中有你"的科技创新格局。

（三）强化基础研究

基础研究是重大科技创新的源头和重要基础，历史上几次重大技术革命都源于或依赖于重大科学发现和理论的突破。基础研究的发展与国家经济和技术发展阶段有关，随着多年积累，我国的科技发展取得了举世瞩目的成就，从以跟踪为主转向跟跑、并跑、领跑"三跑并存"，一些领域进入世界技术前沿。但还必须看到，我们的技术能力跟跑多、领跑少，原始创新少，基础科学研究是短板，一些关键技术领域对外的依存度较高，产业链和供应链中存在一定的不安全不稳定风险。因此，要抓紧制定实施基础研究十年行动方案，重点布局一批基础学科研究中心，加大基础研究投入，从科学原理、问题、方法上集中进行攻关，积极探索开辟新的技术路线，进一步增强原始创新能力和引领创新能力，增强前沿技术供给能力，在核心关键环节取得重要突破。

一是坚持目标导向和自由探索相结合，既要鼓励科学家们开展好奇心驱动的科学前沿探索，也要重视从经济社会发展和产业实践中凝练科学问题，对基础研究、应用研究和工程建设等创新链各环节进行统筹谋划部署，解决好关键核心技术攻关中的基础理论和底层技术瓶颈问题。二是改革完善基础研究任务形成机制，探索面向世界科学前沿的原创性科学问题发现和提出机制，建立对非共识项目和颠覆性技术的支持和管理机制。三是进一步优化基础研究投入结构，布局一批基础学科研究中心，加大对冷门学科、基础学科和交叉学科的长期稳定支持。除了稳定的中央和地方财政资金的支持外，还要吸引更多的社会资金和国际资金投向基础研究。

（四）发挥企业技术创新主体作用

2018 年 7 月 13 日，习近平总书记在中央财经委员会第二次会议上明确指出，要推进产学研用一体化，支持龙头企业整合科研院所、高等院校力量，建立创新联合体，鼓励科研院所和科研人员进入企业，完善创新投入机制和科技金融政策。党的十九届五中全会提出，推进产学研深度融合，支持企业牵头组建创新联合体，承担国家重大科技项目。这将极大激发企业科技创新的主动性和积极性，将进一步夯实企业创新主体地位，对于提升企业技术创新能力具有重要意义。

  1. 发挥企业技术创新主体作用，组建创新联合体。创新联合体，是不同创新主体进行协同联合创新的一种组织形式。以整个产业链为基础，以解决具体技术问题为出发点，通过设施共享、风险共担、资源共用，以及合理的利益分配机制，激发各类主体创新动力，相互协作、紧密衔接，有效提升技术协同攻关效率。创新联合体由来已久。为推动前沿、重大领域突破，支撑产业竞争力提升，20 世纪 70 年代日本政府主导了众多大型产业技术研发项目，其中以超大规模集成电路研发项目（VLSI）为典型代表。1976 年，日本通产省组织富士通、日立、三菱、日本电气和东芝 5 家大公司，与日本工业技术研究院电子综合研究所和计算机综合研究所这两家国立研究所组成研究联合体共同实施该项目。到 1979 年，日本政府和企业总共投资了 720 亿日元（政府负担 40%，企业负担 60%），产出了 1000 多项专利，从而成功地提高了日本在半导体领域的产业竞争力。到 1989 年，日本已经占了世界储存芯片市场的 53%，远超过美国的 37%。为了夺回在半导体设计与制造工艺上的优势，美国政府在 1987 年牵头成立了由 13 家企业组成的"半导体制造技术研究联合体（SEMATECH）"，目的是通过集中研发，优势互补，减少重复浪费，达到研发成果共享。1995 年 SEMATECH 帮助美国半导体企业重新夺回了世界第一的地位。为什么需要企业牵头？主要是由创新联合体的使命和职能定位所决定的。创新联合体核心在于解决产业核心关键技术和前沿技术，涉及基础研究、应用研究、试验开发以及产业应用市场化等创新链、产业链的各个环节，企业既是技术需求方也是供给方，最了解产业需要和产业技术供给能力。要充分发挥头部领军企业的作用。依托头部领军企业的垂直整合能力，牵头组织创新联合体，通过重大科技项目带动，使大中小企业能提早介入基础研究和应用基础研究，大学和院所能够延伸参与应用研究和试验开发，实现基础研究、应用研究、试验开发和产业创新深度融合、相互促进，形成大规模兵团作战优势，从而不断突破产业关键核心技术。

2. 完善体制机制，提升创新联合体创新效能。在前期发展过程中，应更好地发挥政府职能，相关部门应做好宏观调控和引导，以避免各创新联合体成员单位投入过多资源，进行重复研究与开发，减少不必要的体系内竞争。适时出台相关管理办法，明晰"创新联合体"的概念和认定管理办法；重点做好对创新联合体的引导和激励，对于创新联合体在承担科研项目、税收优惠、知识产权保护、政策法规等方面，提供相应保障，同时引导各创新联合体内部探索更可行更科学的成果、利益分享机制，推动创新联合体快速健康发展。对于运行较好的联合体，给予必要的专项支持，以增强各成员单位对组织的归属感，更好地与其他成员开展合作。

3. 用强大的市场优势拉动企业技术创新。市场规模越大，创新成本越低。我国对科技创新的需求空间巨大。通过构建新发展格局，培育国内市场规模，用我国超大市场规模优势推动创新型国家建设。德国经济学家李斯特在 1841 年就指出，向海外追求财富虽然重要，还有比这个更加重要十倍的是对国内市场的培养与保卫。美国技术创新体系更多依靠的是国内大规模的统一市场，国内经济大循环战略成就了美国科技强国地位。新发展阶段，我国要紧紧抓住国内大市场不放，紧盯市场需求，围绕产业链布局创新链、资金链，用需求拉动科技创新，最大限度地实现创新价值，用我们自己的市场换取核心关键技术，提高经济社会发展质量，保障国家安全。因此，要打破制约创新的行业垄断和市场分割，纠正地方政府不当补贴以及利用行政权力限制、排除创新产品应用等行为，为产业发展营造公平的市场环境。

建立以创新为导向的政府采购和招投标制度。加快新型基础设施建设，加快推广应用场景，从而带动技术扩散和应用。

4.强化企业科技创新的系统观。一是企业要树立"质量是创新基石"的理念，上下游企业协同加强质量体系建设，持续推动技术创新。二是国家应将质量管理能力体系建设纳入创新政策池，给予相应的支持。三是推动科技创新与标准化协同发展。技术标准作为对某一发展阶段技术成果和实践经验的提炼和固化，本质上就是科技成果的普及和扩散。标准化是科技成果产业化和市场化的桥梁和纽带。面对中国崛起，近年来发达国家在国际标准方面阻扰我国提出的标准提案立项，从标准角度围追堵截"卡脖子"。对此，需深入实施标准化战略，不断提升我国标准的先进性，用先进标准倒逼科技创新和产业升级，并加快我国优势标准的国际化。

（五）完善科技创新管理、激励、评价以及权益分配机制

强化国家战略科技力量，人才是关键，体制机制是保障。

1.落实好"揭榜挂帅"机制。揭榜挂帅是对科技项目管理制度的重要改革，是重大科技任务组织实施机制的创新。揭榜，是一种重大科技项目实施主体的选择机制，在提出战略需求的基础上实施开放创新，运用赛马机制选择实施主体，以更加开放的方式选拔有能力、有担当的创新团队承担任务，破除"小圈子"，不论资排辈，能者上。挂帅，解决的是创新主体的权责利问题。压实责任，构建完善的科技创新项目考核机制，实现权责利相统一，激励和约束并重，助推重大科技攻关。落实揭榜挂帅，需要配套改革。建立信任机制。开展基于信任的科学家负责制试点，赋予创新领军人才更大技术路线决定权和经费使用权，加快推进项目经费使用"包干制"试点，充分调动科技

创新团队和专家的积极性。

2. 完善激励机制。围绕人才评价制度、知识产权制度、股权激励制度、成果奖励制度等政策要点，加大改革力度，落实支持政策。政策的目标要明确、支持的力度要到位、政策的效力要有保障，真正让科技工作者全心搞科研，放心拿股权，安心拿奖励，从而激发起创新动力。强化长期稳定的支持，强化国际化发展与布局，打造世界级人才与队伍。要加快国内人才培养，使更多青年优秀人才脱颖而出。特别加强对 35 岁及以下优秀青年科学家的支持力度，最大限度地调动创新积极性，从本源上解决好科技创新动力来源问题。

3. 建立健全符合科学规律的评价体系。切实提高科技评价的科学性、客观性和实效性，构建以质量、贡献、绩效为核心的评价机制，推动科技成果评价的社会化、市场化和规范化。强化以学术贡献和创新价值为核心的评价导向，让科研人员静心思考、潜心研究。对基础研究探索实行长周期评价，创造有利于基础研究的良好科研生态。消除交叉学科壁垒，避免频繁考核，改进评价体系核心指标构成，强调原创性、前沿性和战略性，实现从评数量到评质量的转变；对于应用研究和技术开发来说，更加注重成果本身质量（如技术先进性和市场适用性）、转移转化率以及产生的经济社会价值等。对于从事科技成果转移转化的科技人员，应与研发人员一视同仁，给予同样的激励政策，评估时要突出其为科技成果转移转化提供的服务和转移转化后实现的价值。压减奖励数量构建以质量为导向的奖励制度，端正科技评价目的，建立评审信誉体系，提高评价的公信力。

4. 完善成果权益分享机制。是指职务发明成果权益分享机制或职务科技成果权益分享机制。所谓职务科技成果，是指科研人员在岗状态下，或执行研究开发机构、高等院校和企业等单位的工作任务；或利用单位物质技术条件所完成的科技成果。国家设立的研发机构、高等院校是职务科技成果的集聚地，也是需要加快转移转化推动科技与经济社会深度融合的重地。它们的科技成果转化率低的原因很多，但缺乏明晰的权属关系和合理的利益分配机制是重要原因。产权激励是最大的激励，成果权益分享机制就是要解决产权这个根本问题。分享成果权益，有助于科技人员从源头上以及科研活动全过程中都注重科技成果转化，提高科技成果转移转化成功率，减少职务发明无效供给。职务发明权属改革源于基层实践和政策试点。2016 年 1 月，西南交通大学在全国高校率先出台《西南交通大学专利管理规定》，规定了学校和发明人共享职务科技成果所有权的知识产权激励模式，即职务科技成果"混合所有制"；2016 年 11 月，中共中央办公厅、国务院办公厅印发《关于实行以增加知识价值为导向分配政策的若干意见》，指出"探索赋予科研人员科技成果所有权或长期使用权"；2019 年 9 月在北京、广东等地出台的文件中明确体现了科研院所实施职务发明"混合所有制"的精神。伴随并受到这一进程的影响，我国《专利法》《促进科技成果转化法》《事业单位国有资产管理条例》等法律法规或者已经修订或正在修订动议中。2020 年 5 月，科技部等 9 部门印发了《赋予科研人员职务科技成果所有权或长期使用权试点实施方案》，选择 40 家高等院校和科研机构开展试点。试点单位可赋予科研人员不低于 10 年的职务科技成果长期使用权，这一点是重大创新和突破，目的在于充分激发科研人员创新热情，更大程度上促进科技成果转化。虽然该实施方案主要针对试点单位进行，但是非试点科技型企业原则上可以参照执行。

（六）规范科技伦理，树立良好学风和作风

新一轮科技革命和产业变革深刻影响着人类的生活，正在重构全球创新版图和经济结构。但科学技术是一把"双刃剑"，它既有可能造福人类，也有可能摧毁人类的生存与发展秩序。人工智能、大数据、生物等新兴科技可能会影响到人民生命健康、公民隐私、生态环境、资源分配，从而引发社会风险和社会问题。科技伦理治理已经成为社会治理的重要内容，成为影响国家和社会安全与稳定的重要因素。科技伦理体系就是科技活动必须遵守的价值准则和行为规范体系。它一方面激励科研人员积极投身科研创新工作，把推动人类科技发展作为职业信仰与目标；另一方面要求科研人员以人类普遍遵循的道德准则和一般伦理约束为前提，不得开展可能挑战人类伦理安全与生存秩序的科技创新活动。科技发展的根本宗旨是增进人民福祉。因此，健全科技伦理体系不是科技发展的桎梏，而是要为科技创新划定必要的伦理原则和价值底线。只有处理好科技创新与伦理道德的冲突，平衡好科技进步与科技向善的关系，才能确保所有科技创新都能够遵循"人是目的，而非手段"的终极价值观。健全科技伦理体系，不仅要明确科技活动必须遵守的价值准则，更重要的是把这些准则落实在行动中。以维护人民利益和国家安全为宗旨，通过各种制度、机制、监管和审查，评估各类科技工作的潜在风险，构建切实有效的科技伦理治理体系，确保科技发展安全、可靠、可控。引导科技工作者坚守学术操守和道德理念，把学问与人格、道德和社会责任融合在一起，既有崇高学术修养，又有高尚人格风范和社会责任意识。

（七）加强国际科技交流合作

构建科技国际合作新机制。实施更加开放包容、互惠共享的国际科技合作战略，更加主动融入全球创新网络。谋划"以我为主"的国际合作计划，鼓励科学家积极参与有重大影响的国际合作计划。主动设计和牵头发起国际大科学计划和大科学工程，建立全球化的科技基金，国家投入基本的引导资金，动员科技型企业和风险投资银行，建立可以与其他国际基金合作的机制，加大国家科技计划对外开放力度，启动一批重大科技合作项目，研究设立面向全球的科学研究基金，实施科学家交流计划。在全球支持科技创新，配置国际化的创新基地和优秀人才，提高我国科技创新的影响力。国际组织在科技合作方面具有重要的作用，而我国的科技类组织基本上以国内会员为主，在国际上影响力不够，作用没有发挥出来。我国一方面要在已有国际组织中深入参与管理职责，同时要高度重视在新的边缘交叉领域发起建立新的组织，提高我国的国际影响力和科技治理能力。支持在我国境内设立国际科技组织、外籍科学家在我国科技学术组织任职。

（陈宇学　中央党校（国家行政学院）经济学部教授）

第五章
增强产业链供应链自主可控能力

我国是全球第一制造业大国，拥有独立完整的工业体系和全部工业门类，产业规模和配套优势明显，产业链供应链有较强韧性。但也要清醒地认识到，我国制造业高质量发展仍有巨大提升空间，一些基础产品和技术对外依存度高、关键环节存在"卡脖子"风险、高端产品供给不足等问题，是我们建设制造强国必须要啃下来的"硬骨头"。

要激发市场主体创新活力，以自主可控的创新链保障安全稳定的产业链供应链，同时要补短板、锻长板，发挥优势产业引领作用，促进工业经济平稳运行。

增强产业链供应链自主可控能力，是中央经济工作会议和《政府工作报告》确定的 2021 年主要工作任务之一。《国民经济和社会发展第十四个五年规划和 2035 年远景目标纲要》（以下简称《"十四五"规划纲要》）对此也明确了任务，提出要形成具有更强创新力、更高附加值、更安全可靠的产业链供应链。自主可控的产业链供应链，是建设现代产业体系、构建新发展格局的关键举措和微观基础，也是提升产业链供应链现代化水平的关键。准确认识产业链供应链的经济本质，需要从理论逻辑和现实逻辑的角度出发，理解企业在产业链供应链条上不同环节从事生产的基本逻辑，才能在政策设计上做到"有的放矢"，不断增强产业链供应链的自主可控能力。

一、产业链供应链安全稳定是构建新发展格局的基础

党的十九届五中全会提出的"加快构建以国内大循环为主体、国内国际双循环相互促进"的新发展格局，是我们党根据国际和国内经济社会环境等重大变化作出的重要战略抉择。新发展格局的构建涉及方方面面，其中，2020 年年底召开的中央经济工作会议特别指出，产业链供应链安全稳定是构建新发展格局的基础。

（一）产业链供应链自主可控的外在表现

自改革开放以来，我国经济发展呈现出明显的出口导向和外向型特征。依靠劳动力成本优势参与世界分工体系，使得中国成为举世瞩目的世界工厂，这种模式和导向对我国快速提升经济实力、改善人民生活发挥了重要作用。但这种模式也存在诸多问题，如价值链高附加值环节以及产业链供应链的关键环节，依然被发达国家牢牢占据和控制。特别是新冠肺炎疫情在全球的暴发，使得原本就已经贸易摩擦频现的全球产业供应体系变得更加脆弱，加之一些经济体开始放弃自由贸易政策，转而实施保护主义和单边主义政策，这一系列的问题，对我国产业链供应链稳定和安全构成了挑战，产业链供应链自主可控这个问题也变得更加具有战略意义。

那么，什么是产业链供应链自主可控？要认识这个问题，可以从中央提出构建自主可控、安全可靠的国内生产供应体系的一个目标导向来理解。增强产业链供应链自主可控能力，至少要实现产业创新、安全可控、供求均衡、区域协同、组织灵活等目标，在关键时刻还可以做到自我循环，确保在极端情况下经济正常运转。产业链供应链自主可控，具体可以从两个方面来理解：一方面，从整体来看，产业是否具有自主创新能力，能否实现科技自立自强？这是"自主"的题中应有之义；另一方面，在关键领域关键环节关键核心技术等方面，在多大程度上被我国之外的市场主体"卡脖子"，有无可以引领产业发展的"独门绝技"，这些是实现"可控"的关键。当然，实现这些目标不会一蹴而就，需要有大量的基础工作和配套的制度改革。短期来看，需要补产业链和供应链的短板甚至断点。中期需要疏通产业链供应链的堵点，确保产业链整体安全。长期来看，则要强链，在关键领域催生出更多具有全球竞争力的市场主体。

（二）完善的工业体系是国内大循环的基础

完善的工业体系是构建新发展格局特别是实现国内大循环为主体的基础。作为世界第一制造大国，我国是全世界唯一拥有联合国产业分类中全部工业门类的国家，这意味着我国也拥有世界上最完整的供应链条，如此完备的产业链供应链体系，已经使我国初步具备了"关键时刻自我循环、极端情况正常运转"的基础。由此，我国的产业链供应链也表现出强大韧性，总体来看，抗风险、抗冲击的能力非常强。

与此同时，随着我国人均国内生产总值超过1万美元，居民的需求结构与企业的生产结构都发生了重大变化，然而从国内市场来看，生产体系各个环节循环仍然不畅通，供给与需求存在结构性错配。在这个现实背景下启动国内大循环，要利用好产业链供应链完备的优势，用好超大规模市场，进一步挖掘内需潜力。可以说，我国完整的工业体系和较好的产业链供应链生态，已经为构建新发展格局提供了坚实的基础。

（三）产业链供应链关键环节支撑双循环

从西方国家的产业转移历史来看，历次产业大规模转移，西方国家都是在控制产业链供应链的条件下开启的。在一定意义上可以说，对产业链供应链关键环节保持控制力，是启动国际循环的一个前提条件。众所周知，产业链供应链关键环节多数是"微笑曲线"处于前端研发以及后端服务等高附加值环节。

随着我国市场开放的深入，许多产业链已经深度融入全球价值链体系，近年来，我国在全球产业链供应链中的地位已经在不断提升，并开始朝着"微笑曲线"两端延伸，特别是随着劳动力成本上涨，我国一些劳动密集型环节也开始出现向劳动力成本更低的国家和地区转移的趋势。更为重要的是，从国际经贸合作的趋势来看，"一带一路"倡议、区域全面经济伙伴关系协定（RCEP）等中国主导和参与的多边协议，将更加有效地逐步落地实施，使得中国的对外贸易呈现出新格局。

对产业链供应链上的企业来说，也可能随着这些协议落地，企业对外贸易的区域结构从原来紧盯欧美市场，更多地转向盯住发展水平不及中国的东南亚、非洲等市场。这种转变使得中国有更多机会重新布局"以我为主"的产业链供应链体系。因此，产业链供应链关键环节及其掌控能力无疑是启动双循环特别是国际循环的核心所在。

二、准确认识产业链供应链的经济本质与形成逻辑

准确认识产业链与供应链，要从支撑经济运行的专业分工原理入手。没有分工，就不会有产业链和供应链问题，产业链供应链自主可控，有赖于一个支撑分工深化和便利市场交易的制度体系。

（一）分工体系与产业链供应链的可控性

产业链和供应链，从本质上来看都是产业内上下游企业的某种经济联系。产业链是由生产、运营等环节具有内在技术经济关联的企业依据特定的逻辑关系和时空布局关系，为实现价值增加等经济活动而形成的网链结构。供应链则是从采购生产资料到制成产品，并经由销

售、运输网络把产品送达终端，将供应商、制造商、分销商直到最终
用户连成一个整体的产业生态体系。

无论从哪个角度来看，产业链与供应链无非是专业化分工后，市
场主体组织联系起来表现出的不同形态。通过网链结构和产业生态体
系，产品的生产和销售可以由这一链条上的相关企业通过分工合作来
共同完成。不同企业选择在产业链供应链的不同环节生产，进而由市
场机制协调资源在企业间的配置。

在市场体系下，企业会选择把其中一部分生产环节交由市场体系
中的供应链，另一部分则放到企业组织内部生产。增强产业链供应链
自主可控能力，意味着数量众多的企业愿意专注于产业链和供应链的
关键特定环节，具有牢牢把控这个特定环节核心技术的能力。

（二）从交易成本看产业链供应链的选择

企业选择在产业链供应链的哪些环节生产，是由什么决定的呢？
经济学理论表明，企业之所以选择在产业链不同环节从事生产经营活
动，是受市场制度性交易成本约束的。

1937 年，年轻的经济学家科斯根据美国工厂实地游学考察的认
识，写下《企业的性质》一文，提供了一个观察企业性质及规模边界
的独特视角。科斯的看法是，企业和市场一样，只不过是组织资源的
不同方式。但利用市场机制并不免费，广泛存在信息搜寻、契约签
订、监督执行等交易费用。如果在企业内部组织生产，由一个权威企
业家指挥生产，可以节省大量市场交易费用，这是企业存在的本质。
不过，企业内部资源配置也有组织成本。一项交易是在企业内完成，
还是在外部市场的供应链体系中完成，需要比较边际生产带来的企业
组织成本与市场交易成本之大小。当额外组织一项交易，在企业内部

比利用市场机制更便宜时，企业倾向于扩大规模，反之企业则缩小规模；企业内部和利用市场的边际成本相等时，企业的规模就达到了最优。

科斯的关键逻辑在于企业规模边界由内部的企业组织成本与外部的市场交易成本共同决定。事实上，科斯的观察也回答了另一个关键问题：产业链与供应链的哪些生产环节在企业内部组织实施，哪些生产环节交由市场，是受到市场交易成本和企业组织成本共同影响的。企业产业链条也并非越长越好，企业在产业链哪个环节从事生产，一定是在比较了企业内组织成本与市场交易成本之后选择的结果。

以钢铁冶炼与钢制品生产为例，钢制品企业不冶炼，冶炼企业不进入深加工领域，这种现象就是市场分工的结果。钢制品企业之所以利用市场机制外购原材料，而不选择自己进入冶炼环节，是因为利用市场交易的成本更低。冶炼企业不进入深加工领域，是因为将深加工环节嵌入企业内的生产组织成本高，竞争不过在位的深加工企业。

由此也可以推论，利用市场的制度性交易成本越高，企业越难专注于产业链特定环节分工，利用产业链供应链来协调生产就会越难。对企业组织来说，最好的组织形态是构建"大而全"的生产体系。在市场发育的初期，许多企业选择"从原材料到制成品"一站式生产，生产涵盖产业链上下游多数环节；而在市场体系更加健全、交易更加便利的当下，许多企业已经选择将非核心业务外包，不再追求生产环节的"大而全"。

产业链供应链的稳定性问题，之所以成为全球关注的焦点，无非是近年来在全世界范围内利用市场机制不再像之前一样便利可靠，单边主义、保护主义的盛行，更是强化了全世界对产业链供应链稳定性的担忧。

三、全球产业链供应链演变新趋势与我国面临的现实难题

此次暴发的新冠肺炎疫情，无疑是对全球产业链供应链体系的一次压力测试，对中国这样一个大国经济体来说，产业链供应链的稳定性成为决定经济发展韧性的压舱石。我国实现产业链供应链自主可控，要把握产业链供应链的演变趋势，直面策略选择的现实难题。

（一）国际分工体系呈现区域化和空间集聚趋势

随着西方国家出现的逆全球化趋势以及对关键核心技术的出口限制，全球产业链供应链可能正面临一次新的区域性重组。特别是随着疫情暴发，全球产业链供应链治理的思路和理念，可能也在进行重大调整。国际分工体系可能出现一些新的趋势性规律：

一是国际分工体系的形成可能从效率导向转为稳定导向。分工改进效率，是国际贸易理论的经典结论。国际分工体系下，各国可以发挥自己的资源禀赋优势、比较优势乃至大规模市场优势，专业从事某一产品、某一环节的生产，然后通过交易改善双方福利。这个分工逻辑，无疑是基于市场效率导向的，而效率的实现有一个重要的前提，就是参与国际贸易的各国要保持一定的市场开放性，贸易受阻，比较优势自然不会释放。参与国际分工体系的国家，一旦开始构筑并提高各种形式的贸易壁垒，经济效率就不一定是最优的贸易导向。在考虑经济效率的同时，保障产业链供应链稳定性，保障国内产业安全，稳定导向也将成为一个可供选择的次优策略。

二是产品纵向国际分工可能出现逆流趋势。产品生产依赖全球分工体系，一般来看，产品内呈现出纵向分工分散在不同资源禀赋的国

家，产业链的不同附加值环节分散在不同的国家。但从前述理论分析来看，如果利用国际市场的交易成本高，交易的可靠性减弱，一国会选择将更多生产环节在内部组织生产，而不再是仅仅靠国际市场来协调生产。原来分散在不同国家生产的一些环节，可能重新被组织到一个国家（区域）内，产品纵向分工趋于变短。把产业链的诸多环节集中到一个组织内部而不是利用外部市场，虽然会出现技术上的"规模不经济"，但由于跨国（区域）利用市场机制的成本升高，这么做实际上仍存在受约束条件下的"规模经济"。同时，这也更加能够使得产业链供应链自主可控。

三是生产分工可能更加具有地理集聚性。由于全球贸易在一定程度上因为贸易保护、单边主义受阻，原来分散在各个国家的不同生产环节，可能会由于新的双边和多边协议建立，重新出现地理集聚现象，被重新组织到一个国家或区域内部。在一定区域内，围绕特定产业形成集群式的发展，产品内分工的集聚化将会成为新趋势。这个特征，对于我国产业集群式发展以及增强产业链供应链自主可控，有着重要的政策启示。

（二）我国参与国际分工体系面临难题与新挑战

面对全球产业分工出现的新趋势，我国参与国际分工可能将面临新难题，能否走出加工组装环节和加工贸易为主的"舒适区"，在国内组织起来附加值更高、更稳定、更可靠以及更多环节的产业链供应链体系，形成区域内分工完善的产业集群式发展，对我国来说是新的挑战和难题。

在国际分工纵向分工缩短的趋势下，面对产业链供应链自主可控要求，迫切需要构建起关键环节主导的"以我为主"的产业链供应链体系。从参与全球产业链供应链的整体来看，我国参与的分工环节科技含量并不高，科技创新的体系并没有完善起来。而科技含量低带来巨大的负面影响体现在：一方面，外资主导中高端产业与低利润环节的本土化。从国际分工体系来看，我国以劳动密集型产业或劳动密集型环节嵌入分工体系，产业链的技术密集型环节多被外资垄断，外资企业占据中高端产业以及产业链的高利润环节，即"微笑曲线"的两端。国内企业主要以利润最低的加工贸易环节嵌入世界分工体系，处在"微笑曲线"的底端；产业的竞争力不强，利润水平非常低。另一方面，科技含量低导致竞争无序。不仅表现在外部竞争无序：在国际贸易中以价格为竞争砝码，价格战又引发反倾销调查，中国已经连续多年成为遭遇反倾销调查最多的国家；还表现在内部竞争无序：同质化的产品导致严重的低端产能过剩，而高端基础性原材料等又面临较大的供给缺口，产品结构亟待优化。客观上来看，在我国中西部地区，仍然存在广泛的劳动密集型产业转移空间，只要抓住产业链供应链的高端环节，用好"创新支撑"这个关键，在国内形成一个"以我为主"的全产业链条体系，无疑是具备条件的。

生产分工可能出现的地理集聚性，使得我国必须形成产业集群式的发展。这里要求的产业集群，不同于传统意义上的集群发展。传统意义上的产业集群往往是把一些企业集中到生产园区，形成各类产业的集聚，产业内的企业往往生产同类型产品。这类产业集群当然也存在诸多优势，比如能够更容易发现合适的交易对象、更好找到理想的配套厂商、更多掌握准确的需求信息、更能够确保有效的合约履行，等等。当同行业的企业大量集聚起来时，利用市场机制的此类交易成本得以大幅降低，生产和流通等各环节都可能因此节省外部成本。而新分工趋势下要求的产业集群，更重要的是在一个区域的产业集群内部形成以分工连接起来的企业。

我国东南沿海地区，这类产业集群已经开始逐步形成，从地方招商引资的模式转换就可以看到这一趋势。以浙江为例，过去地方招商引资时，往往会选择同行业企业集中的方式，目的是把产业规模做大，形成规模效应；当下地方招商引资，往往更聚焦招引"头部企业"，做成一个以掌握关键生产工艺、关键生产环节、关键生产技术为主的企业创新发展平台，再由地方政府和平台共同招引产业链的上下游企业，从而形成一种参与"集群外部分工"和"集群内分工"的双重模式。从整体来看，这个产业集群是国际分工体系的重要组成，产业集群中的企业，以集群的形式参与国际分工体系，不仅能够更多地容纳企业，还形成了有利于创新的环境；而从区域内部来看，企业之间也是一种基于产业链条的分工关系，创新平台则对这个产业集群提供了更好的公共服务支撑。

（三）产业链供应链自主可控对产业政策提出新要求

在我国产业政策领域，传统的政策体系主要是政府主导并基于规模导向的。从产业演进一般性规律来看，鼓励扩大企业规模的政策方向无疑是合乎逻辑的。政府主导型的传统产业政策有助于完善工业体系、承接国际分工，短时间内实现"赶超型"经济发展。但从产业链供应链自主可控的角度来看，产业政策的有效性已开始受到制约。

规模导向的产业政策，往往使得地方政府在政策设计上容易扭曲市场激励。比如在地方竞争的制度下，地方选择利用"免税减税"等各种优惠措施鼓励生产，再加上地方对各类要素投入进行财政补贴，实际上改变了要素投入品的相对价格，使得原本在市场上无法盈利的供给在补贴和优惠之下变得有利可图，在妨碍公平竞争的同时也扭曲了对企业供应行为的激励。对重要的资源投入品，政府还存在直接定价和价格管制，要素和资源投入品总体上呈现系统性低价的资源错配状态。

这样的制度约束也改变了企业的创新行为激励。对企业自身而言，同企业减少要素资源投入，改变要素资源的投入结构，更多依靠创新发展的生产模式相比，企业更多采用要素资源品高投入的生产模式，可能更具经济理性。在这种情况下，企业接收到要素和资源品市场传递的创新信号，存在一定程度的弱化甚至失真：在市场化的要素和资源品价格信号下，企业本来可以感受到市场传递的转型和创新压力，但是在要素和资源品呈现系统性低价状态下，企业转型升级和创新的倒逼机制被明显弱化。

要确保产业链供应链自主可控，必须对传统规模导向的政策进行调整，未来需要强化竞争政策的基础性地位，要从以产业政策为主的支持性政策体系转向以竞争政策为主的规范性政策体系。

四、增强产业链供应链自主可控能力的关键举措与政策体系

中央经济工作会议要求，统筹推进补齐短板和锻造长板，针对产业薄弱环节，实施好关键核心技术攻关工程，尽快解决一批"卡脖子"问题，在产业优势领域精耕细作，搞出更多独门绝技。完成这项工作任务，要紧紧盯住产业链供应链的关键环节、牢牢抓住企业这个创新主体、大力培育产业链集群、重塑产业基础，综合施策。

（一）解决产业链供应链关键核心技术难题

从创新的实践逻辑来看，解决产业链供应链关键核心技术，有两种重要的实现路径：一种是通过市场机制外购蕴含先进技术的产成品或设备，实现被动技术升级；另一种是投入巨资进行自主研发，实现主动技术升级。显然，中国当下的选择是科技自立自强。这一选择意味着必须要有相应的政策支持体系，使得作为创新主体的企业，具有自主研发的激励。但解决产业链供应链关键核心技术难题，面对具有高度不确定性的研发活动，企业到底是选择自主研发还是技术外购，这类微观决策仍然受到当前支持体系的影响。以我国的税制结构为例，在既定的税制结构下，如果自主研发比技术外购的税负更低，税制结构就更鼓励企业自主研发。企业进行自主研发会产生大量研发费用，现行税制虽已允许研发费用加计扣除，在一定程度上减轻了企业的所得税负担，但对企业研发活动的认定还存在进一步简化程序的空间。如企业产生的委托研发费用，在确认为研发费用之前，必须到科技行政主管部门进行登记。相比之下，企业选择外购技术、设备或产品，虽然采购成本也可能不菲，但却可以直接纳入增值税进项税额中实现抵扣，不需要再额外承担相关行政费用，因而这种通过外购促进创新的行为对企业成本的影响是相对确定的。从税制视角来看，鼓励企业选择自主创新、减少技术外购依赖，仍存在制度优化空间。《"十四五"规划纲要》在谈到完善现代税收制度时，就提出聚焦支持稳定制造业、巩固产业链供应链，进一步优化增值税制度。

鼓励企业更多选择自主创新，解决产业链供应链关键核心技术难题需要综合施策。一是要让企业选择自主创新的制度成本尽可能低于技术外购的制度成本，为企业自主创新提供内在激励而不是外在鼓励。比如，对国内外设备一视同仁地免征增值税，为国内设备提供公平竞争环境。二是要从政策设计上更多支持创新过程而非创新结果。比如可以将政策优惠的环节从下游创新产品的生产销售，逐步转向上游基础研究和新产品研发环节。建立一套以研发环节和自主创新激励为重点的政策优惠体系。而对创新的结果，则宜更多交由市场机制对其奖励。三是要为能够分散创新不确定性的风险资本市场建设提供制度激励。要看到风险资本高利润背后是高度不确定性，对其给予政策支持有助于改善金融供给结构，形成创新支撑的金融服务体系。对投资收益再投入研发项目的，可以考虑返还部分已缴纳的企业所得税，减轻企业创新负担。

（二）激发产业链关键环节市场主体创新动力

事实上，在全球产业链关键环节上从事生产的国内市场主体，许多已经具备创新能力，但由于制度体系的限制，缺乏创新动力的情况仍然普遍存在。因而，必须探究有创新能力的企业为何缺乏创新动力这一关键问题。解释这个困境，需要准确观察创新活动的私人收益和社会效益。一般来看，如果创新带来的社会效益高但是私人收益少，在私人收益和社会效益出现分离的同时，又缺乏相应的制度激励使得私人收益尽可能接近于社会效益。在这种情况下，企业就会出现创新动力不足、能创新也不愿主动创新的现象。有效率的经济制度将使得个人的努力所带来的私人收益率尽可能接近社会效益率，激发产业链关键环节市场主体创新动力，必须从体制机制上解决这些问题。

从实践来看，当前对创新行为定价的制度安排，还远远不足以使创新私人收益接近社会收益。比如，从创新的资金支撑来看，对基础研发难以进行有效率的市场化定价，许多创新活动缺乏相应的资本补偿机制。从企业内部来看，对职务发明没有引入市场化定价机制，非价格激励已经难以适应快速的创新需要。对技术骨干贡献的定价，也存在一些持股、分配等领域的制度性障碍。激活企业创新动力，需要有相应的对创新贡献进行合理市场化定价的制度安排。

在基础理论创新和应用型创新领域，均存在个人收益和社会效益分离的现象，但现象背后的逻辑不同，制度安排也有所差异。基础理论创新领域的个人收益和社会效益分离，与基础理论创新的经济性质密切相关。基础理论创新前期需要大量资金投入，一旦创新成功，行业内有相关知识储备的专业人员都能迅速识别和复制，因而基础理论创新具有经济学意义上的公共产品属性，投资收益难以排它。这类创新由于无法阻止他人"搭便车"而存在收费的困难，因此补偿投入成本比较困难，不适宜利用市场机制收费。若高额创新投入长期缺乏合理的定价补偿机制，理性的企业难以"心无旁骛"进行创新，创新行为激励就大大弱化。具有广泛正外部效应的基础理论创新，理应"受益者付费"，但由于企业难以利用市场机制进行定价和收费。对于这类创新，客观上需要由国家代替广泛的受益者以财政支付的方式对其进行补偿。

现实观察显示，那些本可以利用市场机制收费的应用型创新，企业也经常缺乏创新动力。应用型创新领域的个人收益和社会收益分离，普遍与不相容的激励制度相关，在创新贡献定价不合理的情况下，不是企业"不能为"，而在于企业"不愿为"。以应用型创新中的发明创造为例，利用部门单位提供的研发条件完成的发明创造属职务发明，其激励规则是由所在部门单位对发明人进行奖励。在企业工资总额管制约束条件下，奖励部分人就要以牺牲其他人的利益为代价，设计实施对创新贡献定价的奖励方案遇到制度性障碍；而利用国家财政支持产生的发明创造，不仅所有权不属于个人，衍生的商业开发权也不归发明人所有。这类对创新贡献市场化定价的限制，使得发明者缺乏有效渠道合理分享创新的增值收益，创新动力随之弱化。因此，进一步完善科技和技术型人才的激励机制，允许企业更多引入市场化定价的制度安排，改进科技评价体系，更科学地评价创新带来的贡献，是矫正应用型创新激励不相容的治本良策。

综上所述，激发产业链关键环节市场主体创新动力，需要通过改革积极营造有利于创新的政策体系和制度环境，为企业创新找到合适的路径选择提供准确的制度激励，完善科技创新体制机制。

（三）培育具有竞争力的全球化产业链集群

培育具有竞争力的全球化产业链集群，是增强产业链供应链自主可控的有效途径。产业链集群背后有着特殊的经济含义，支撑同一个产业发展的各类要素集聚，创新也才能达到一定的"浓度"。党的十九大提出了促进我国产业迈向全球价值链中高端，培育若干世界级先进制造业集群的要求。从全球范围来看，产业链集群发展已经进入全方位竞争的新阶段。

培育具有竞争力的全球化产业链集群，要在国内形成"以我为主"的一批优势产业链，通过延伸拓展产业链，逐步占据全球价值链的高端环节，形成产业链新优势。产业链集群发展，要解决好产业链、要素链、创新链、资金链以及人才链等各个方面的协同发展。要发挥大企业引领支撑和中小微企业协作配套作用，围绕产业链部署创新链、围绕创新链培育产业链，推进要素市场化配置体制，减少要素配置扭曲，确保高端要素流向产业链的高端环节，加快要素市场化流动。同时，要大规模降低制度性交易成本，形成鼓励企业追求价值链高端环节和从事关键技术研发的激励。只有大规模降低市场的制度性交易成本，才能给企业专注于产业链供应链关键环节生产的激励，企业才能够做到"心无旁骛"地进行自主创新。

培育具有竞争力的全球化产业链集群，还要顺应我国对外开放新趋势。《"十四五"规划纲要》提出，推动与共建"一带一路"国家贸易投资合作优化升级，积极发展丝路电商。深化国际产能合作，拓展第三方市场合作，构筑互利共赢的产业链供应链合作体系。当前，以"一带一路"框架为主的合作成为开放型经济新体制下的重要贸易模式和制度安排。在"一带一路"推进的过程中，更好地利用了全球资源和市场，世界分工体系也得以重塑，有助于我国经济和产业实现向全球价值链两端攀升，是培育全球化产业链集群的有效载体。理论上来看，"一带一路"框架提供了一种有别于传统贸易的全新合作模式。在这个新模式下，沿线国家与我国可以实现合作共赢、优势互补。我国拥有大量的外汇储备、一流的基础设施建设能力、充足的产能以及完善的基础工业体系，可以作为新合作模式的要素与产出供给方；沿线国家实现经济发展"起飞"仍缺乏有效的支撑体系，其中基础设施建设是较大的短板，加之建设资金普遍匮乏，因而成为新合作模式的潜在需求方。说到底，这个新合作模式是有现实供给与需求支撑的，是基于市场导向的，是"共商共建共享"理念引领的。当然，新合作模式不是"剃头挑子一边热"，我国提供的技术、产能以及贷款，有着合理的盈利与回报机制，因而也是互利共赢的。不过，与传统开放模式的根本区别在于：在传统开放模式下，企业的盈利与回报是基于当期交易所得；在以"一带一路"为主要框架的新合作模式中，我国企业的盈利和回报是建立在沿线国家"发展起来"基础之上的，是共享沿线国家未来经济增长的潜力，较好地避免了传统贸易模式下遇到的系列困境。

（四）重塑产业基础体系促进补链优链强链

重塑产业基础体系，首先要"补链"，补齐产业发展的短板和弱项。"补链"主要是确保关键时候关键的生产环节能使得整个产业持续发展。一是要实施产业技术再造工程。针对弱项短板比较集中的领域，通过市场导向、揭榜挂帅等新机制，以关键技术支撑产业技术再造。二是要发挥新型举国体制优势集中攻关，对涉及全局的技术和基础应用，构筑起更加有组织保障的技术攻关"国家体系"。

重塑产业基础体系，要"优链"强基础，培育新兴产业的同时不能忽视传统产业。许多地方促进产业转型升级，对传统产业还存在"一关了之、一迁了之"的现象。我国传统产业存量规模巨大、发展参差不齐、升级潜力充足，还远没有进入"传统产业无潜力可挖"的发展阶段。因此，用新技术、新业态全面改造提升传统产业仍是经济提质增效的重要途径。传统产业转型升级需要的政策支持，可从传统产业中的企业转型升级遇到的三类困境中寻找应对之策：有的企业缺乏转型升级压力，凭借低成本劳动力、低资源定价、低土地和资金成本，就可以获得较高的利润水平；有的企业有压力，但缺乏转型升级的能力，主要是高端人才缺乏，而高端人才缺乏又部分源于个人所得税最高边际税率过高；还有的企业有能力，但缺乏转型升级动力，根源在于创新成果收益界定不清晰、知识产权保护比较困难，创新风险大、成本高，但收益难以排他性占有。

重塑产业基础体系，还要"强链"，进一步锻造长板，增强我们的发展主动权。当前，我国在 5G、新能源汽车、互联网应用等领域，开启了全球竞争的新赛道。《政府工作报告》以及《"十四五"规划纲要》均已对涉及全局并具有先发优势的产业发展进行了部署，如互联网、高铁、电力装备、新能源、船舶等领域，要构筑全产业链竞争力。

（杨振　中央党校（国家行政学院）经济学部教授）

第六章
坚持扩大内需这个战略基点

大国经济的优势就是内部可循环。我国有 14 亿多人口,人均国内生产总值已经突破 1 万美元,是全球最大最有潜力的消费市场。居民消费优化升级,同现代科技和生产方式相结合,蕴含着巨大的增长空间。要坚持扩大内需这个战略基点,必须继续推进供给侧结构性改革,深化社会主义市场经济体制改革,深度挖掘农村市场潜力,尤其是从收入分配、社会保障等深层次领域入手,有效提高群众收入,形成强大国内市场,下好关键棋,为构建新发展格局提供重要支撑。

习近平总书记在 2020 年 4 月 17 日召开的中共中央政治局会议时强调："坚定实施扩大内需战略，维护经济发展和社会稳定大局。"①2020 年 5 月 23 日，习近平总书记在看望参加政协会议的经济界委员时指出："面向未来，我们要把满足国内需求作为发展的出发点和落脚点……逐步形成以国内大循环为主体、国内国际双循环相互促进的新发展格局"②，深刻阐释了坚持扩大内需战略对于构建新发展格局的基础性和根本性地位。新发展格局形成的关键在于充分发挥国内超大规模市场优势，加快培育完整内需体系。党的十九届五中全会进一步厘清了扩大内需与供给侧结构性改革的关系，两者不是非此即彼的对立关系，而是要有机结合，相互促进并在此基础上明确了扩大内需的具体要求，提出："坚持扩大内需这个战略基点，加快培育完整内需体系，把实施扩大内需战略同深化供给侧结构性改革有机结合起来，以创新驱动、高质量供给引领和创造新需求。要畅通国内大循环，促进国内国际双循环，全面促进消费，拓展投资空间"③。2020 年 12 月 16 日召开的中央经济工作会议更是明确将"坚持扩大内需这个战略基点"作为 2021 年深化改革，增强发展内生动力的重点任务之一。党的十九届五中全会和中央经济工

---

①　《中共中央政治局召开会议》，《人民日报》2020 年 4 月 18 日。

②　《坚持用全面辩证长远眼光分析经济形势　努力在危机中育新机于变局中开新局》，《人民日报》2020 年 5 月 24 日。

③　《中国共产党第十九届中央委员会第五次全体会议公报》，2020 年 10 月 29 日，见 http://www.qstheory.cn/yaowen/2020-10/29/c_1126674174.htm。

作会议都把"坚持扩大内需"提到了"战略基点"的高度。习近平总书记在 2021 年 1 月 11 日省部级主要领导干部学习贯彻党的十九届五中全会精神专题研讨班开班式上指出:"构建新发展格局的关键在于经济循环的畅通无阻",在提出"坚持深化供给侧结构性改革这条主线"后,接着在制度层面和时间层面对扩大内需提出明确要求:"要建立起扩大内需的有效制度,释放内需潜力,加快培育完整内需体系,加强需求侧管理,扩大居民消费,提升消费层次,使建设超大规模的国内市场成为一个可持续的历史过程"①,从而将"扩大内需"这一重点任务制度化、长期化。

这些重要论述科学地回应了社会各界关于如何坚持扩大内需这个战略基点的关切,更有力地诠释了我国应对国际体系发生深刻调整、全球治理体系发生深刻变革、国际力量对比发生深刻变化的中国智慧和中国方案,是习近平新时代中国特色社会主义经济思想的理论创新与生动实践,为当前和今后一个时期的我国经济发展提供了行动指南和根本遵循。我们应立足新发展阶段,贯彻新发展理念,准确理解扩大内需这个战略基点的时代背景及其深刻内涵,始终把扩大内需战略同深化供给侧结构性改革有机结合起来,坚持以供给侧结构性改革为主线,提高供给质量和水平,同时高度重视需求侧管理,努力形成需求牵引供给、供给创造需求的更高水平动态平衡,增强消费对经济发展的基础性作用,全面促进消费,优化投资结构,拓展投资空间,带动经济提质增效,加快构建以国内大循环为主体,国际国内双循环相互促进的新发展格局。

---

① 《深入学习坚决贯彻党的十九届五中全会精神 确保全面建设社会主义现代化国家开好局》,《人民日报》2021 年 1 月 12 日。

一、我国坚持扩大内需战略基点的时代背景及其深刻内涵

习近平总书记指出，当今世界正经历百年未有之大变局，世界进入动荡变革期，国际经济、贸易、科技等格局都在发生深刻调整，加之新冠肺炎疫情全球大流行，为全球经济带来更多的不确定性，大国博弈日趋激烈，当前和今后一个时期我国经济将面对更多"逆风逆水"的外部环境，改革攻坚处于关键时期的内部环境。

（一）经济全球化遭遇逆流，全球贸易模式发生深刻变化

2008 年国际金融危机后，以美国为首的西方发达国家因全球化利益的国内分配不均导致反对声音压倒了拥护全球化的力量，反全球化和逆全球化势力纷纷抬头，美国特朗普政府的"退群"、英国政府的"脱欧"成为逆全球化的典型案例。在此背景下，贸易保护主义和单边主义盛行，美国挑起的贸易摩擦严重扰乱了全球经济秩序，使原来基于以 WTO 为代表的多边贸易体制的全球经济治理受困。贸易保护主义的日渐兴起，给世界贸易带来了严重影响，国际货币基金组织报告指出，从 1960 年到 2015 年，按实际值计量，世界贸易平均增长率达 6.6%；而 2008 年至 2015 年，这一数字仅为 3.4%。[①] 自 2016 年以来，"黑天鹅事件""灰犀牛事件"频频出现，世界范围内的逆全球化思潮汹涌，全球贸易保护主义继续发酵。以美、日、德等为代表的诸多发达国家对制造业回流本国采取了鼓励措施，而且对发展中国家的贸易保护壁垒大幅增加，科技封锁、产品围剿日趋严重，造成对外

---

① 中国社会科学院经济研究所：《贸易保护、全球化与包容性经济增长》，2016 年 10 月 31 日，见 http://ie.cass.cn/academics/economic_trends/201712/t20171204_3765944.html。

贸易发展的巨大障碍。

虽然逆全球化思潮正在发酵，但是全球贸易模式的转变，也为我国充分挖掘内需市场潜力，逐渐转变过去长期依托出口导向型经济带动国内经济的发展模式奠定了基础。全球贸易模式的变化主要体现为，传统的以产品贸易为主的世界贸易模式，逐渐转变为以价值链贸易为主的全球分工新格局，正是这一新发展趋势为不同发展阶段的国家、不同规模的企业进入资本密集型价值链，更大程度地参与全球分工提供了契机。我国作为世界唯一拥有联合国产业分类中全部工业门类的国家，凭借工业结构的完整性在全球价值链中从高到低各个环节进行部署，形成了新的比较优势和规模优势，我国产业深度参与全球分工，要素配置对其他国家也必然产生巨大和正面的外溢效应。同时在我国 14 亿人口的超大规模内需市场的拉动下，国内大循环越顺畅，这一外溢效应也将越明显，不仅有助于增强我国国内市场对全球的吸引力，提升我国在世界经济中的地位，而且也为其他国家企业进入全球潜力最大市场、利用更多的国际商品和要素资源提供了更广阔的市场机会。总体来看，我国坚持扩大内需不仅有助于形成强大的国内需求，也为逆全球化背景下的世界经济注入更多稳定性、确定性与持续性。

（二）新一轮科技革命和产业革命加速演进，各国争夺技术制高点的竞争日趋激烈

从工业革命发展的历史演化来看，人类社会已经经历了三次工业革命浪潮，第一次工业革命于 18 世纪 60 年代起始于英国，以蒸汽机的改良和广泛应用为标志，极大地提高了生产力；电气技术为主的第二次工业革命让电力成为新的能源动力；以计算机技术为主的第三次

工业革命，让计算机控制下的自动化设备大大提升了工业生产效率。当前，我们正经历着以智能化、数字化、大数据和物联网技术为主的新一轮工业革命。工业4.0时代的到来为基于信息物联融合系统的人、机、网连接提供了技术基础，为减少企业生产成本、降低工业程序复杂性提供了新方案。信息技术、制造技术、生物技术等领域的技术不断取得重大突破，人工智能、大数据、云计算、物联网等新兴技术的广泛应用不仅使传统产业得到革命性重塑，产业更新换代速度不断加快，也催生了更多的产业新形态、网络新业态，孕育出以智能化、数字化、绿色化为主要特征的投资消费需求。新一轮科技革命和产业革命变革是世界百年未有之大变局的推动力量，在调整国家间力量对比、重塑世界政治经济格局中发挥的作用愈加明显，也为中国传统生产方式和生活方式的改进提升提供重要契机。未来，个性化、多样化消费渐成主流，由此引发的国内新需求的扩大，也将为投资提供广阔空间，为畅通国内循环提供新的重大机遇。

从世界经济史的演进和经济中心的转移可以看出，科技创新一直是支撑经济中心地位的一个强大力量，科技制高点伴随着先进的技术和顶端人才的流动而变化。进入新世纪以来，尤其是国际金融危机爆发以来，科技创新的重要性更加凸显，发达国家纷纷出台一系列政策推动技术创新、发展新型产业，如美国商务部下属国家标准与科技协会发起的"美国制造"项目确定3D打印、数字化制造与设计、智能制造、物联网、再生医学、机器人等为未来5年内美国优先发展领域；日本政府制定了"科技立国"战略方针，大力开放高校的科研机构，推进前沿科技项目联合研究，最终形成"政府—企业—大学"联合创新生产格局。韩国政府从法律、政策、管理体制等多个方面促进企业自主创新。同时，各国也高度重视科技人才的培养，美国长久以来大力扶持、推进 STEM（Science，Technology，Engineering，Mathematics）教育体系。瑞士十分重视科技创新人才的培养，政府每年对教育的投入占联邦支出的 10% 左右，在全球范围内来看，瑞士的教育投入比重位于世界前列，凭借高额的教育投入构建了多元化的教育机制，完善的职业培训体系，为瑞士源源不断地提供高素质的科技创新型人才。我国政府在制定相关政策、统筹规划的同时，也应注重激发企业的自主创新能力，发挥市场主体作用。

习近平总书记深刻指出："我国同发达国家的科技经济实力差距主要体现在创新能力上。"[1] 据中国科学技术发展战略研究院发布的《国家创新指数 2018》，中国综合创新能力国际排名第 17 位，远远落后于其他主要经济体。对此，我国高度重视科技创新在现代化建设中的重要作用，党的十九届五中全会通过的《中共中央关于制定国民经济和社会发展第十四个五年规划和二〇三五年远景目标的建议》中提出："坚持创新在我国现代化建设全局中的核心地位，把科技自立自强作为国家发展的战略支撑"[2]。这是我党制定规划建议历史上第一次把坚持创新驱动发展放在规划任务的首位进行专章部署，把创新放到前所未有的战略高度，这一战略方针为我国积极抢占科技创新制高点提供了重要的制度保障，我国必须充分利用不断扩张的本土中高端需求市场这个战略资源优势，支持本土企业进行巨额创新研发投入，构建本土市场需求升级与本土企业自主创新能力提升的相互促进式的循环上升机制，重点围绕"卡脖子"的关键核心技术创新，构建战略性

---

[1] 《中共中央关于制定国民经济和社会发展第十三个五年规划的建设》，人民出版社 2015 年版，第 55 页。

[2] 《中共中央关于制定国民经济和社会发展第十四个五年规划和二〇三五年远景目标的建议》，人民出版社 2020 年版，第 9—10 页。

新兴产业体系，实现自主可控的国内市场布局，不断向新技术、新知识制高点迈进，向全球产业链高端迈进，为强大的内需市场提供坚实的基础。

（三）新冠肺炎疫情全球大流行，对经济运行带来不确定性

2020 年，一场突如其来的新冠肺炎疫情在全球蔓延，造成全球经济"停摆"。20 亿—30 亿人口"封城"或禁足导致全球经济陷入 20 世纪以来范围最广、第二次世界大战以来程度最深的大衰退，对并不牢固的全球复苏基础形成冲击。有研究指出，疫情对经济的影响将超过 2008 年全球金融危机，甚至超过 1929—1933 年全球经济"大萧条"的影响。本次疫情是一次重大非传统安全事件，当前疫情全球扩散形势仍不容乐观，未来疫情蔓延的最终规模与影响仍难以确定。具体来看，疫情对全球经济造成的不确定性主要来自以下几个方面。

一是供给中断，跨国公司位于疫情发生国家的工厂出现停工停产现象，导致依赖这些跨国公司产品的上游企业和下游企业的生产经营活动受到干扰；因疫情蔓延造成的关键性原材料供给短缺，导致全球相关产品生产和流通的全球产业链的局部性破坏、产品创造的价值不能够充分实现，抑制了企业的价值创造能力和价值实现能力；对特定城市、特定区域的人员流动和物资流通采取的限制措施以及因安全防疫等级上升而造成的货物清关时间变长，造成物流效率大幅下降，物流成本剧增。航运、海运、航空等相关企业经营严重受挫，加剧了产业链供需风险，尽管自 2020 年 5 月取消了一些对市场、劳动力的限制，情况有所改善，但是除中国外，大多数受疫情影响的国家尚未恢复正常。

二是需求收缩，隔离措施使得居民消费受到直接冲击，由于担心

公共场合交叉传染，消费者多采用线上方式而减少了面对面的接触，导致航空、住宿、餐饮、娱乐等行业受到严重打击。疫情冲击使得居民对未来就业和收入出现悲观预期，各国消费者信心指数均出现明显下降，下降幅度直逼 2008 年金融危机时的水平。各国经贸活动均受到疫情严重冲击，对于国内企业来说，要想依靠产能走出去来稳定国际市场份额仍存在不小的困难。为了有效控制疫情对外贸需求的影响，将部分外贸产能转向国内市场，将为企业提供更多保障。

三是投资受抑制，疫情导致了强烈的经济衰退预期，面对未来的不确定性，企业不敢贸然增加投资，终端消费需求降低又导致企业进行投资的必要性降低，因全球需求下滑引发的石油价格战、金融市场动荡带来的融资成本上升进一步降低了企业的投资意愿。以中美两国为例：2020 年 1 月至 2 月，中国固定资产投资完成额累计同比下降 24.5%，一季度累计同比增速下滑 16.1%；美国资本支出预期指数中，费城联储制造业指数和堪萨斯联储制造业指数均出现大幅下滑，反映出疫情冲击下投资疲软的态势。疫情给各国经济、政治带来的不确定性，可能会动摇一些国家支持经济全球化的信心，激化国家与国家之间合作的矛盾和分歧，导致依靠外需推动自身经济发展的模式可能面临新挑战。各国出台的"去全球化"政策措施也推动着我国从依靠外需的经济全球化，向依靠内需的经济全球化转变。疫情暴发以来，我国政府采取超常有力举措，有效遏制疫情发展，率先实现全面复工复产，经济运行趋稳向好，随着全球疫情呈现常态化趋势，外部环境的不确定性因素增多，超大规模的内需市场是实施扩大内需战略的重要条件和基础，也是抵御外部环境不确定性风险的重要保障，将为世界各国提供广泛的投资、贸易和出口机会，为世界经济恢复性增长贡献中国力量。

（四）国内发展仍处于重要战略机遇期，新发展阶段面临新机遇新挑战

在国际环境深刻变化、国内改革不断深化的背景下，党的十九大提出"我国发展仍处于重要战略机遇期"的战略判断，党的十九届五中全会继续明确指出："当前和今后一个时期，我国发展仍然处于重要战略机遇期，但机遇和挑战都有新的发展变化"。从国内发展情况来看，我国既要"全面建成小康社会、实现第一个百年奋斗目标"，又要"乘势而上开启全面建设社会主义现代化国家新征程、向第二个百年奋斗目标进军"。这标志着我国进入了一个新发展阶段。在中国共产党的带领和改革开放的推动下，我国的经济规模和经济速度均实现了稳步增长。

"十四五"时期，我国已转向高质量发展阶段，推动全面建成社会主义现代化国家仍具有多方面优势：一是物质基础雄厚。自2010年以来，我国就稳居世界第二大经济体的地位，2020年国内生产总值达101.6万亿元，经济总量突破百万亿大关，按年平均汇率折算，我国经济总量占世界经济的比重预计超过17%，人均GDP连续两年超过1万美元。我国经济不仅在总量上持续扩大，在质量上也稳步提升。从经济增长速度来看，2019年我国GDP增长率为6.1%，分别高于中等偏上收入国、世界平均水平和高收入国家3.8%、2.5%和1.7%的平均水平。2020年，在一季度国内生产总值大幅下降的情况下，二季度增速由负转正，增长3.2%，三季度增长4.9%，四季度增长6.5%，走出了一条令世界惊叹的V型曲线，全年经济增长2.3%。这些成就不仅为我国开启全面建设社会主义现代化国家新征程，实现第二个百年奋斗目标打下了雄厚物质基础，而且奠定了我国在世界

经济格局中的重要地位。2020 年中央经济工作会议指出："我国成为全球唯一实现经济正增长的主要经济体，三大攻坚战取得决定性成就，科技创新取得重大进展，改革开放实现重要突破，民生得到有力保障"①，这些成绩来之不易，更是彰显出我国强大的经济韧性。二是市场优势凸显。我国拥有 14 亿人口的超大规模市场和巨大需求潜力，这是我国经济持续稳定推进的独特优势，同时证明我国有能力启动国内经济大循环并带动国际循环。三是人才红利日益显现。一方面，劳动年龄人口占比高。2019 年劳动年龄人口占总人口的比重已经超过 60%。另一方面，劳动年龄人口受教育程度逐渐提高。受过高等教育和职业教育的高技能劳动力已超过 1.7 亿人。庞大的人力资本和人才资源，有基础提升供给能力，推动科技进步实现产业升级。在客观认识与积极发挥自身发展优势的同时，必须看到我国发展不平衡不充分问题仍然突出，如创新能力不足与高质量发展之间的矛盾、产能过剩与投资增长乏力的矛盾、供给结构难以适应需求结构的矛盾，等等。特别是需求不足问题在疫情叠加下更为突出，内需不足在未来相当长的一段时间内仍将会成为困扰我国经济增长的主要因素，因而需要坚定实施扩大内需战略。

二、当前坚持扩大内需存在的问题表现

进入新发展阶段，新一轮科技革命和产业革命的加速调整，经济逆全球化趋势不断涌现，新冠肺炎疫情大流行的复杂外部环境，为坚

---

① 《中央经济工作会议在北京举行》，《人民日报》2020 年 12 月 19 日。

持扩大内需战略提供了重要契机，但仍然存在一系列问题和挑战，如供需结构性矛盾、收入分配差距拉大、市场机制不完善，等等。

（一）供需存在结构性矛盾，内需结构不均衡

习近平总书记指出，当前我国"结构性矛盾最突出，矛盾的主要方面在供给侧"①，所谓结构性问题，主要体现在供给结构和需求结构之间不匹配、不平衡和不协调。党的十九大报告提出，当前社会主要矛盾已转变为人民日益增长的美好生活需要和不平衡不充分的发展之间的矛盾，其中，"人民日益增长的美好生活需要"表明居民的消费结构在不断升级，"不平衡不充分的发展"则指出了供给端结构和布局上的不均衡与规模和总量上的不充分问题。随着改革开放的持续深入，我国居民人均收入水平的不断提高，以满足温饱型消费需求为主、以生产中低档工业制成品为最终产品的供给模式，难以适应与满足人民群众消费升级的需要，即中低端供给过剩与高端供给不足并存，供给结构未能及时根据需求变化而进行相应调整，如钢铁并不是需求不足而导致的总量性产能过剩，而是低端钢材供给过多，一些特殊的高端钢材却供给不足，仍需依赖大量进口而产生的结构性产能过剩，再如从必需品与非必需品的角度来看，当前我国必需品供给相对过剩，而非必需品供给相对不足。一方面，食品、服装等必需品支出占可支配收入的比例在不断缩减，供给端却未表现出相应的结构化调整，仍然在原有较高基数的基础上扩大生产；另一方面，非必需品的需求在迅速增长，但供给却相对不足，如反映人民日益增长的美好生活需要的教育、旅游等重要领域的有效供给不足而引起的"需求外

_____

① 《十八大以来重要文献选编（下）》，中央文献出版社2018年版，第712页。

溢"现象。相关数据显示，2008—2019 年我国出国留学人数从 17.98 万人上升至 70.35 万人。2019 年，我国居民出境人数达到 1.69 亿人次，比 20 年前增长 17 倍。另据世界银行的统计，2018 年，我国居民国际旅游支出达到 2773 亿美元，占世界旅游总支出的 18%。近年兴起的"海淘"购物某种程度上也是这种供需不匹配的表现，消费者购买的商品已从珠宝首饰、名包名表、名牌服饰、化妆品等奢侈品向电饭煲、马桶盖、奶粉、奶瓶等普通日用品延伸。事实证明，我国不是需求不足或是缺乏需求，而是居民消费目标已从"有没有"转向"好不好"，也就是高质量的产品和服务供给，然而供给的产品和服务没有与之相匹配，由供给侧有效供给能力滞后于需求侧升级换代引起的供需结构性矛盾造成了消费能力不断外流的现象，而解决这一矛盾的关键在于推进供给侧结构性改革。内需结构不均衡主要体现在两个方面，一方面来源于最终需求比例低于世界平均数。据国际货币基金组织统计显示，发达国家最终消费支出占 GDP 的比例平均在 80% 左右，发展中国家平均约为 70% 以上，2020 年我国最终消费支出占 GDP 比重为 54.3%。另一方面是最终需求中政府支出的比例高，国有企业占的比例高，民众的比例比较低。政府对国有企业的补贴，特别是对低端国有制造业企业大量补贴，导致一些低效率仅依靠政府补贴生存的国有"僵尸企业"无法及时退出市场，造成国内产业结构升级缓慢，这也是阻碍供给侧的本土企业提升自主创新能力，开发关键核心技术，向产业链高端迈进的制约因素，进而无法满足消费者的中高端需求。

（二）收入分配差距日益拉大，消费升级面临阻碍

改革开放以来，我国经济增长保持了较快的增长速度，居民收入

水平持续增长，但仍面临着收入分配不断扩大的问题，特别是第四次工业革命的兴起，有可能扩大资本回报与劳动力回报之间的差距，进一步加剧收入不平等现象。当前，国民收入分配在不同收入群体之间还存在不合理因素。据统计，2018年我国的基尼系数为0.468，较2017年呈上升态势[①]，收入分配差距在警戒线以上。2020年，按全国居民五等份收入分组，高收入组人均可支配收入为80294元，是低收入组人均可支配收入7869元的10.2倍。[②]当前，我国收入分配两极化还比较严重，农村居民收入显著低于城镇居民，这可能会制约农村市场开拓和消费投资需求的扩大。收入差距的拉大，还可能会影响劳动积极性，加剧对分配不公的不满情绪。另外，虽然我国经济持续不断增长，但由于低收入群体消费不振，高收入群体边际消费倾向递减，短期内难以依靠低收入群体带动消费升级，所以有必要形成中等收入群体占据绝对比重的收入分配结构，实践证明，这种"橄榄型"结构是一种最有利于扩大内需的制度结构安排。我国现有中等收入群体4亿，如果经过约15年的努力，中等收入群体达到8亿，我国的消费能力和消费水平将有一个质的提升。

（三）有效投资仍显不足，投资结构有待优化升级

党的十九届五中全会指出："优化投资结构，保持投资合理增长，发挥投资对优化供给结构的关键作用。"[③]2020年中央经济工作会议在

---

① 国家统计局住户调查办公室：《中国住户调查统计年鉴》，中国统计出版社2019年版。

② 国家统计局：《中华人民共和国2020年国民经济和社会发展统计公报》，2021年2月28日，见 http://www.stats.gov.cn/。

③ 《中国共产党第十九届中央委员会第五次全体会议文化汇编》，人民出版社2020年版，第37页。

部署 2021 年经济工作时继续强调："形成强大国内市场是构建新发展格局的重要支撑，必须在合理引导消费、储蓄、投资等方面进行有效制度安排"，"要增强投资增长后劲，继续发挥关键作用"①。改革开放以来，我国各类基础设施和公共服务设施已有长足发展，但我国仍是世界最大的发展中国家，仍处于并将长期处于社会主义初级阶段，投资领域仍存在不少短板弱项，主要体现为与高质量发展相关领域的投资不足。当前以发展数字经济为主要方向的新兴产业形态，对新型基础设施建设提出了更高的要求，不仅表现为数量上的扩大，更体现为科技含量和质量上的提高，而现有投资无法提供具有更好体验的高端供给需求；以人为中心的新型城镇化建设的推进也面临着均等公共服务建设不足，与人口规模不匹配等问题；实施区域发展战略带来的区域基础设施建设短板问题以及新冠肺炎疫情暴露出的公共卫生服务与应急设施领域短板，都体现了缺乏高质量投资以及引导机制对产业高质量发展的制约。此外，养老、家政等生活服务供给也出现因投资信心不足、投资回报不确定性增加等因素面临投资困境，从而难以满足养老服务消费需求的增加。这些短板弱项都需要通过有效投资加以补足，不断提高投资的经济和社会效益，更好满足人民日益增长的美好生活需要。

（四）社会主义市场经济体制不完善，亟待持续深化

经过 40 多年的改革开放，我国社会主义市场经济体制逐步确立和不断完善。但是随着经济发展进入新常态，社会主要矛盾发生深刻变化，经济发展阶段由高速增长迈向高质量增长，进一步完善社会主

---

① 《中央经济工作会议在北京举行》，《人民日报》2020 年 12 月 19 日。

义市场经济体制突出表现为处理好政府和市场的关系，关键在于"充分发挥市场在资源配置中的决定性作用，更好发挥政府作用"。但是无论是市场还是政府层面仍存在不少束缚市场主体活力、阻碍市场和价值规律充分发挥作用的因素。

从市场层面来看，建设统一开放、竞争有序的市场体系，是使市场在资源配置中起决定性作用的基础和条件。当前我国商品和服务市场快速发展，97%以上的商品和服务价格已经由市场来形成，但要素市场发育明显滞后，要素价格形成机制不健全，要素自由流动存在体制机制障碍，资源配置效率不高。从各类生产要素来看，土地市场化水平不高，市场机制对城乡土地配置的作用发挥不够充分；劳动力市场供需不匹配，结构性矛盾依然存在，户籍制度对外来人员就业、就医、教育等方面保障力度依然不够，高校毕业生就业市场严峻与企业生产性工人不足现象普遍存在；金融市场体制机制不完善导致金融服务实体经济的功能未能充分发挥；技术要素的市场化配置存在多种问题，技术创新成果产权模糊、知识产权评估不规范、科技成果与市场需求结合不紧密、技术交易市场不完善等严重阻碍科技创新和科技成果的转化，抑制资本对科技创新的支持；数据伴随信息经济发展成为一种新型生产要素，但是涉及数据的产权界定、管理制度、公开共享范围和安全保护等系统的规则尚未建立，相应的法律规范依然缺失，也未形成数据资源配置市场的价格体系，无法进行交易市场化。

从政府层面来看，在实践中突出表现为部分领域和环节存在政府越位、错位、缺位等问题。一是政府过多使用行政权力和手段，过度干预，该放给市场的权力没有放足、放到位，限制了市场配置资源作用的发挥。习近平总书记指出："更好发挥政府作用，不是要更多发挥政府作用，而是要在保证市场发挥决定性作用的前提下，管好那些市场管不了或管不好的事情。"① 但是由于政府部门利用行政资源过度干预市场运转，打乱了市场正常运行节奏，降低了市场资源配置效率。二是政府该管的地方没有管到位。政府在宏观经济治理中的职责和作用主要体现为"立规矩""定标准""守底线"，但是部分领域仍存在法治规范不完善、政策标准不清晰、行业标准不明确、市场监管体系不健全、公共服务不充分等问题，影响统一高效公平市场环境的建设，如良好法治环境的缺失，无法保障企业合法利益；产权制度不健全对科技创新的激励不足，也无法依法保护企业家的各类权利。再如政府在垄断、外部影响、非对称信息、收入差距拉大以及公共产品不足等市场失灵领域的作用还未充分发挥，从公共产品来看，基础教育、医疗、养老、保障性住房等民生领域的公共产品和服务投入不足，直接导致居民生活成本的增加，对未来预期产生不确定性，制约了消费潜力的释放。

三、坚持扩大内需的实施路径

坚持扩大内需战略基点，是构建新发展格局的核心要求，是我国实现经济高质量增长、增强发展稳定性的迫切需要，是适应我国经济发展阶段变化、提升经济韧性的支撑力量，也是满足人民群众对美好生活需求、增强获得感幸福感的必然选择。进入新发展阶段，需要坚持扩大内需这个战略基点，充分利用我国超大规模的市场优势，加快

---

① 《习近平关于社会主义经济建设论述摘编》，中央文献出版社 2017 年版，第 66 页。

构建以国内大循环为主体、国内国际双循环相互促进的新发展格局，推动我国由经济大国向现代化经济强国迈进。

（一）继续推进供给侧结构性改革，增强供需适配性和灵活性

首先，坚持扩大内需这个战略基点，加快培育完整内需体系，把实施扩大内需战略同深化供给侧结构性改革有机结合起来，重点从供给侧发力扩内需，总的原则是用消费带动投资、用下游投资带动上游投资、用进口带动出口。中国国内市场消费潜力巨大，必须从供给端发力，深化供给侧结构性改革，不断提升供给质量和产品质量，更有效、更灵活地适应需求结构的变化。

其次，推进供给侧结构性改革必须以科技创新为核心驱动力。应抓住科技革命机遇，提高企业创新能力和市场竞争力，提升产业链供应链现代化水平，加快核心技术攻关，不断提高国产品牌的影响力和市场占有率，不断适应新习惯、新模式、新业态，企业通过加大科技创新力度，积极调整现有供给结构，适应不断扩大的消费需求。在此次疫情中，一些传统企业借助互联网信息技术改造，转型升级，催生了直播带货、生鲜电商、无人配送、在线教育、远程问诊等新型消费业态，"云会议""云办公""云面试"等新型工作方式，突破空间界限，解决了疫情防控与线下工作矛盾的问题，成为应对疫情冲击的重要力量，而因疫情催生的新消费形态在未来也可能成为常态化消费，要积极培育和扩大这些新型消费，使其成为新的消费拉动力量，加快释放消费潜力。

最后，推进供给侧结构性改革要以满足人民对美好生活的需求为最终目标。习近平总书记指出："人民对美好生活的向往就是我们的

奋斗目标。"①人民群众的需要是动态的、发展的、上升的。经过40多年的高速增长，我国经济实力、人民收入水平有了大幅提高，与此同时带来的是不断增强的购买力，人民群众个性化、多样化的消费需求越来越多，对消费质量和消费品质要求越来越高。所以，供给侧结构性改革应该坚持以人民为中心的价值导向，以人民的需求为努力方向，不断改善消费环境、提高产品和服务质量。第一，不断扩大优质文化产品供给，着力提升公共文化服务水平，不断满足人民日益增长的精神文化生活需求。增加农村公共文化服务总量供给，提升城乡公共服务质量。第二，满足人民群众多层次多样化健康需求，加快提高卫生健康供给质量和服务水平，大力发展养老、托幼服务以及大健康产业，解决人民群众关心的重大民生福祉问题。积极应对人口老龄化，开发新的消费领域和经济增长点，满足人民群众更高的美好生活需要。同时，推动体育产业高质量发展，不断满足体育消费需求。此外，不断提高供需适配性，既要关照中高端人群消费转型升级的需求，还要满足庞大的消费"长尾"部分，即收入稍微偏低人群的基本生活需求。

（二）深度挖掘农村市场潜力，加快城乡一体化进程

积极构建新发展格局，农村具有巨大的发展空间，是可以大有作为的广阔天地，也是坚持扩大内需战略的重要领域。根据《中华人民共和国 2020 年国民经济和社会发展统计公报》显示，2020 年年末，我国常住人口城镇化率超过 60%。即使将来城镇化率达到 70%，我国仍有 4 亿多人生活在农村，可见，农村市场本身也是一个非常大的

---

① 《十八大以来重要文献选编（下）》，中央文献出版社 2018 年版，第 560 页。

市场，是我国超大规模市场的重要组成部分，没有农村市场的启动和发展，超大规模市场的优势就难以得到有效发挥，扩大内需的效果就不能充分显现。从消费结构上来看，城乡居民消费水平差距较大且农村居民边际消费倾向更高，农村居民消费支出基数较低，所以增长更快，潜力更大，因此要重视农村市场的开发和培育。

要加快农村基础设施和公共服务建设，积极引领社会资本投资乡村，将扩大投资与改善民生结合起来，不断改善农村消费环境，提高农村人口的消费能力，大力推进城乡一体化建设，实现乡村振兴目标。农村居民是内需消费市场的强大动力，但仅仅依靠现有农村居民又无法充分挖掘其市场潜力，必须全社会共同参与，发挥政府投资的撬动作用，激发民间投资活力，引导优质资源向农村流动，比如，农村公共设施的人均投资远低于城市，如果促进城乡基础设施和基本公共服务一体化发展，将会开辟巨大投资空间。同时要始终坚持"工业反哺农业，城市支持农村"的方针，促进城乡要素双向流动，促进市民与农民合作发展，达到城乡一体化的发展格局。逐渐改变目前劳动力单向流动、企业向大城市聚集的现状，更多地引导社会资本参与乡村建设，鼓励更多的农业企业、农产品加工业设在农村。

在推进城乡一体化建设中，县域经济发挥着重要作用。县域经济是城市之尾、乡村之首，是城乡融合发展的关键联结点，是实现现代公共服务城乡贡献的枢纽，是新型城镇化的着力点和新增长点，所以可通过推动县域经济发展，释放巨大市场投资潜力。现阶段我国县域建设总体滞后，对医疗、教育等公共服务供给总量不足、质量不高，人居环境与实际民生需求之间仍存在一定的缺口，通过补齐县域经济短板强化弱项建设，建立县域建设消费中心，完善县域产业平台配套设施，推动县域适应新一轮产业转型要求，进一步满足"小镇青年"

等消费需求，将激发对内需的巨大拉动作用，不断催生有效投资和消费。

（三）完善收入分配制度，提高中低收入群体消费能力

扩大消费市场的潜力在于中低收入人群，在于把收入分配的差距限制在合理范围内。首先，要完善收入分配体系，进一步提高居民收入水平。持续增加居民收入是把消费需求转化为消费能力的根本方法，是形成稳定持久消费行为的动力源泉。国民经济的总体增长是保证居民收入提高的前提，但是要想将高额的收入转化为超大规模的消费潜力，必须坚定实施按劳分配为主体、多种分配方式并存的基本分配制度，尤其要注意增加低收入人群收入、扩大中等收入群体规模和调节过高收入人群的收入来缩小收入差距。由于中低收入人群在数量和规模上明显大于高收入人群，而且边际消费倾向明显超过高收入人群，所以，应重点通过提高中低收入人群的收入来扩大消费市场，提高"一次分配"权重，还应继续推进"二次分配""三次分配"改革，通过税收、转移支付等方式持续完善收入分配体系，逐渐形成中等收入群体为主的"橄榄型"收入分配结构。

其次，完善统筹城乡民生保障制度，推进包括住房、户籍、医疗等方面的改革。根据相关统计，我国城镇居民家庭资产以实物资产为主，住房占比近七成。房贷占家庭总负债的 75.9%，造成家庭资产配置失衡，一定程度上抑制了居民消费能力。[①] 所以，必须坚持"房住不炒，因城施策"的思路和原则，通过扩大租赁房和安居房等保障性住房供给，积极引导居民合理配置家庭资产，促进房地产市场稳定健

---

① 《中国城镇居民家庭资产负债调查》，《上海商业》2020 年第 5 期。

康发展。

最后，促进充分就业，提升就业质量。由于疫情的持续蔓延，当前农民工、低技能失业者和低收入者就业问题突出，必须通过稳就业促民生。为进一步增加劳动力供给，提振农民工消费能力，在已推出的放松大城市落户政策的基础上继续推进户籍制度改革，构建更完善的社保体系，创造更多更好的就业机会和发展环境。要加大人力资本培训力度，提升就业质量，发挥政府最后雇主职能，推动岗位创造，扩大招生规模，扩大就业容量，用好失业保险基金结余，综合施策保就业，抵消劳动力市场失灵。针对低收入人群和困难生活群体，要通过完善最低生活保障机制，合理增加教育、医疗等公共服务，保障其正常生产生活，进一步夯实居民消费能力。

（四）深化社会主义市场经济体制改革，建设高标准市场体系

党的十九届五中全会提出，完善宏观经济治理，建立现代财税金融体制，建设高标准市场体系，加快转变政府职能。其中，市场是产品和服务流通以及要素配置的基础性中介，市场结构和价格形成机制的发育水平，也决定着商品和服务消费以及要素配置的效率。当前，国家已经在国企改革、农村集体经营性建设用地入市等方面陆续出台了一系列政策。为了进一步推动高标准市场建设，首先，在土地、资金、科技、数据等重点领域健全要素市场制度规则，以市场化改革为方向，打破限制要素流通的各类障碍和壁垒，实现要素的市场化自由流动，增强资源的有效配置水平。其次，完善产权制度建设，加强知识产权保护工作顶层设计。加快知识产权保护法治建设，加大知识产权保护力度，特别是人工智能、生物技术等新产业新领域的产权保护制度，让创新成果更好地服务惠及人民。加强以保护消费者权益、反

不正当竞争、惩罚知识产权侵权等为重点的市场监管，加强企业商业秘密保护，增强各类市场主体投资信心，充分发挥好知识产权对科技创新的激励作用，推动实现知识产权高质量创造、高效益运用、高标准保护、高水平治理。最后，完善宏观经济治理，建立现代财税金融制度。财政政策和货币政策是各国政府最重要的宏观经济政策。如果只肯定其中一种政策的作用，而否定或忽视另一种政策的作用，则会贻误宏观经济调控的良机。内需体现为消费和投资，为充分激发各类市场主体活力，释放市场需求潜力，需要建立现代财税金融制度，更加强调和注重财政与金融的政策配合和制度协调。就财税政策而言，进一步改革企业所得税制，实施更加精准的加计扣除政策，优化研发支出范围的界定，挖掘潜在具有创新力的企业；通过打造具有国际竞争力的个人所得税制，吸引科技创新人才，激发更多、更高级的科技创新成果，满足需求端结构的变化；创新政府预算管理制度，根据当期的社会消费和投资情况灵活施策，有针对性地扩大对特定项目和领域的投资和支出，使财政支出合理有效。就金融政策而言，完善包括优化的货币政策目标体系、创新的货币政策工具体系和畅通的货币政策传导机制在内的现代货币政策框架；健全宏观审慎监管制度，构建系统性金融风险预警、防控和处置体系；按照市场化、法治化、国际化原则，健全具有高度适应性、竞争力、普惠性的现代金融机构体系，增强金融服务实体经济、支持国家战略的能力。

（郭威　中央党校（国家行政学院）经济学部教授）

第七章
全面推进改革开放

　　"十三五"时期，全面深化改革从夯基垒台、立柱架梁，到全面推进、积厚成势，再到系统集成、协同高效，一路蹄疾步稳、勇毅笃行，在新起点上实现了新突破。改革开放只有进行时没有完成时。"十四五"时期，我们要继续坚持深化改革开放，持续增强发展动力与活力。要构建高水平社会主义市场经济体制，建设高标准市场体系，全面优化营商环境，实行高水平对外开放。以开放促改革，以改革促发展，增强我国经济发展的内生动力，对冲发展的不确定性，推动实现更高质量发展。

　　"十四五"时期经济社会发展必须遵循的原则之一就是要坚持深化改革开放。坚定不移推进改革，坚定不移扩大开放，加强国家治理体系和治理能力现代化建设，破除制约高质量发展、高品质生活的体制机制障碍，强化有利于提高资源配置效率、有利于调动全社会积极性的重大改革开放举措，持续增强发展动力和活力。凡事预则立，不预则废。我们要着眼长远、把握大势，要通过深化改革激发活力、释放潜能，构建经济社会的新发展格局。必须构建高水平社会主义市场经济体制，建设高标准市场体系，全面改革优化营商环境，实行高水平对外开放，推动改革和开放相互促进。

一、着力构建高水平的社会主义市场经济体制

　　党的十九届四中全会审议通过的《中共中央关于坚持和完善中国特色社会主义制度、推进国家治理体系和治理能力现代化若干重大问题的决定》把社会主义市场经济体制概括为社会主义基本经济制度之一。这一新概括，既充分彰显了社会主义制度的优势，又同我国社会主义初级阶段生产力发展水平相适应。党的十九届五中全会通过的《中共中央关于制定国民经济和社会发展第十四个五年规划和二〇三五远景目标的建议》明确提出，要"全面深化改革，构建高水平社会主义市场经济体制"。坚持和完善社会主义基本经济制度，充分发

挥市场在资源配置中的决定性作用，更好发挥政府作用，推动有效市场和有为政府更好结合。

（一）围绕构建高水平社会主义市场经济体制要坚持公有制为主体、多种所有制经济共同发展

社会主义市场经济的重要组成部分就是公有制经济和非公有制经济，坚持以公有制经济为主体、多种所有制经济共同发展，就是把社会主义制度和市场经济有机结合起来，不断解放和发展社会生产力。坚持以公有制为主体、多种所有制经济共同发展，是我国国家制度和国家治理体系具有的显著优势之一，对于激发各类市场主体活力，推动高质量发展具有十分重大的意义。

毫不动摇巩固和发展公有制经济。经过多年的改革，我国公有制总体上已经同市场经济相融合，构建高水平的社会主义市场经济体制，改革已经进入深水区，还需要在一些重要领域继续深化改革。一是要积极稳妥推进国有企业混合所有制改革。探索公有制多种实现形式，鼓励发展国有资本、集体资本、非公有制资本交叉持股、相互融合的混合制经济，实现各种所有制资本取长补短、相互促进、共同发展。坚持"因地施策、因业施策、因个施策、宜独则独、宜控则控、宜参则参"，分层分类深化国有企业混合所有制改革。重点推进国有资本投资、运营公司所出资企业和商业一类子企业混合所有制改革。推动混合所有制改革重在转换企业经营机制，要按照完善治理、强化激励、突出主业、提高效率的要求，支持混合所有制企业全面建立灵活高效的市场化经营机制。要探索建立有别于国有独资、全资公司的治理机制和监管制度。二是要推进国有经济布局优化的结构调整。要紧紧围绕服务国家战略，落实国家产业政策和

重点产业布局调整总体要求，坚持企业为主体、市场为导向，坚持有进有退、有所为有所不为，优化国有资本重点投资方向和领域，推动国有资本向关系国家安全、国民经济命脉、国计民生、提供普遍服务、应急能力建设和公益性的重要行业和关键领域、重点基础设施集中，向前瞻性、战略性新兴产业集中，向具有核心竞争力的优势企业集中，增强国有经济竞争力、创新力、控制力、影响力、抗风险能力，做强做大国有资本。建立健全优胜劣汰市场化退出机制，加快处置低效无效资产，淘汰落后产能。支持企业依法合规通过证券交易、产权交易等资本市场，以市场公允价格处置企业资产，实现国有资产形态转换，将变现的国有资本用于更需要的领域和行业。要推动国有企业加快管理创新、商业模式创新，发挥国有企业在实施创新驱动发展战略和制造强国战略中的骨干和表率作用，强化在技术创新中的主体地位。三是要完善中国特色现代化企业制度。要加快完善国有企业法人治理结构和市场化经营机制，健全完善经理层任期制和契约化管理，改革国有企业工资决定机制，推进骨干员工持股制度，充分调动干部职工积极性，激发国有企业发展活力和内生动力。要遵循市场经济规律和企业发展规律，推动国有企业与市场经济深入融合，使国有企业真正成为独立的市场主体。要加大公司制股份制改革力度，积极引入各类投资者实现股权多元化，大力推动改制上市。

毫不动摇鼓励、支持、引导非公有制经济发展。改革开放以来，尤其是党的十八大以后，党和国家出台了一系列鼓励、支持、引导非公有制经济发展的政策措施，非公有制经济得到了长足的发展，已成为社会主义市场经济重要力量，"民营经济贡献了50%以上的税收，60%以上的国内生产总值，70%以上的技术创新成果，80%以上的城镇劳动就业,90%以上的企业数量"①。为使非公有制经济特别是民营经济健康发展,要继续为其营造高质量发展环境。一是要优化公平竞争的市场环境。要全面实施市场准入负面清单制度。推行"全国一张清单"管理模式,维护清单的统一性和权威性。建立统一的清单代码体系,使清单事项与行政审批体系紧密衔接、相互匹配。建立市场准入负面清单信息公开机制,提升准入政策透明度和负面清单使用便捷性。全面落实放宽非公有制企业市场准入的政策措施,系统排查、清理各种显性和隐性壁垒,推动"非禁即入"普遍落实,不得额外对非公有制企业设置准入条件。要持续清理和废除妨碍统一市场和公平竞争的各种规定和做法,加快清理与企业性质挂钩的行业准入、资质标准、产业补贴等规定和做法。深化要素市场化配置体制机制改革,健全市场化要素价格形成和传导机制,保障非公有制企业平等获得资源要素。加强和改进反垄断和反不正当竞争执法,加大执法力度。培育和弘扬公平竞争文化,进一步营造公平竞争的社会环境。二是要加大对非公有制经济的政策支持力度。要健全完善金融体系,着力解决非公有制经济融资难、融资贵问题。支持发展以中小微企业为主要服务对象的中小金融机构,鼓励银行与民营企业构建中长期银企关系,为中小企业融资提供可靠、高效、便捷的服务。要健全授信尽职免责机制,合理增加信用贷款,在内部绩效考核制度中落实对中小微企业贷款不良容忍的监管政策,进一步降低民营和小微企业综合融资成本。要切实落实更大规模的减税降费,实施好降低增值税税率、扩大享受税收优惠小微企业范围、加大研发费用加计扣除力度、降低社保费率等政策。落实涉企收费清单制度,进一步清理、精简涉及民间投

---

① 国务院研究室编写组:《十三届全国人大三次会议〈政府工作报告〉辅导读本》,人民出版社、中国言实出版社 2020 年版,第 181 页。

资管理的行政审批事项、涉企收费、摊派事项和各类评比达标活动，规范中间环节、中介组织行为，减轻企业负担，降低企业成本。要鼓励引导民营企业改革创新。支持民营企业参与国有企业改革，实现互利共赢、共同发展。鼓励有条件的民营企业加快建立治理结构合理、股东行为规范、内部约束有效、运行高效灵活的现代企业制度。三是要依法平等保护民营企业产权和企业家权益。要实施好民法典和相关法律法规，依法平等保护国有、民营、外资等各种所有制企业产权和自主经营权，依法保护企业家合法权益。加大对民营企业的刑事保护力度，提高司法审判和执行效率，保障民营企业家的人身和财产合法权益。

完善农村基本经营制度。劳动群众集体所有制是公有制的重要组成部分，实现乡村振兴，要发展农村经济，完善农村基本经营制度。一是要保持土地承包关系稳定并长久不变。以家庭承包经营为基础、统分结合的农村双层经营体制，是改革开放的重大成果，符合我国国情和农业生产特点。按照党中央确定的政策，健全农村土地承包相关法律政策，赋予农民更有保障的土地承包权益。二是要深化农村集体产权制度改革。农村集体经济是集体成员利用集体所有的资源要素，通过合作与联合实现共同发展的一种经济形态，是社会主义公有制经济的重要形式。要加强农村集体资产管理，开展集体资产清产核资，摸清集体家底，健全管理制度。明确集体资产所有权，把农村集体资产的所有权确权到不同层级的农村集体经济组织成员集体，并依法由农村集体经济组织代表集体行使所有权。要推进集体经营性资产股份合作制改革，将农村集体经营性资产以股份或者份额形式量化到资本成员，作为其参与集体收益分配的基本依据。三是要探索农村集体经济有效的实现形式。在今后相当长时期，我国农村普通农户仍占大多数，家庭经营仍是农村经济发展的基础。在继续重视和扶持家庭经营发展农业生产的同时，要加快培育新型农业经营主体。发挥好农村集体经济组织在管理集体资产、开发集体资源、发展集体经济、服务集体成员等方面的功能作用。加快构建扶持农户发展的政策体系，加强农业社会化服务，促进传统农户向现代农户转变，实现传统农户与现代农业发展有机衔接。

（二）围绕构建高水平社会主义市场经济体制加快转变政府职能

构建高水平社会主义市场经济体制，核心是处理好政府和市场的关系，使市场在资源配置中起决定性作用，更好发挥政府作用。这就要求抓住加快转变政府职能这个关键，将有效市场和有为政府更好地结合起来，大力保护和激发市场主体活力。

提升政府科学调控能力。充分发挥市场在资源配置中的决定性作用，更好发挥政府作用，是社会主义市场经济的内在要求，也是完善新时代宏观经济治理体系、提升宏观经济治理能力必须始终遵循的要义。提升宏观经济治理能力，就是要充分尊重市场规律，最大限度减少政府对市场资源配置和微观经济活动的直接干预。现代技术手段是提升宏观经济治理效能的有力工具，但并不意味着可以替代和削弱市场的决定性作用和竞争激励功能。要更好地发挥政府经济调节、市场监管、公共服务等职能作用，持续完善平等准入、充分竞争、公正监管、有序开放、诚信守法的营商环境。提高法治化、国际化水平，保护各类市场主体合法权益，维护公平竞争，坚决反对垄断和不正当竞争行为。以科学适度的宏观调节促进经济总量平衡、结构优化、内外均衡，及时有效地弥补市场失灵，实现有效市场和有为政府更好结合。

坚持创新行政管理和服务方式，深入推进"放管服"改革。深化行政审批制度改革，实施涉企经营许可事项清单管理，进一步精简行政许可事项，对所有涉企经营许可实行"证照分离"改革，大力推进"照后减证"。继续系统梳理对微观经济活动的不必要干预和可以由前置审批转为事中事后监管的许可事项，该取消的全部取消。要始终坚持放管结合、放管并重，把更多行政资源从事前审批转到加强事中事后监管上来，进一步改变重审批轻监管、以批代管等行政管理方式，夯实监管责任，提升监管效能。要加强对新生事物发展规律研究，对新产业新业态应当坚持包容审慎监管原则，创新监管标准和模式，既鼓励创新、为新产业新业态留足空间，不断培育壮大新动能，又切实保障安全、不能放任不管，引导新产业新业态规范健康发展。

（三）围绕构建高水平社会主义市场经济体制要完善宏观经济治理体制

科学有效的宏观经济治理既是实现国家治理体系和治理能力现代化的客观要求，也是构建高水平社会主义市场经济体制的重要组成部分。

健全宏观经济治理体系。发挥国家发展规划的战略导向作用。要健全目标鲜明、层次清晰、功能明确的国家发展规划，统筹中华民族伟大复兴战略全局和阶段性发展任务，统筹国内国外两个大局，统筹经济、政治、文化、社会、生态文明等建设，统筹发展与安全，强化专项规划、区域规划、空间规划、地方规划与国家总体发展规划的有机衔接，突出规划的战略性、系统性。要充分体现新发展理念，突出高质量发展目标引领，科学设置目标任务，增强国家中长期规划对年度计划、公共预算、金融信贷、国土开发、公共服务、产业发展等的引导功能和统筹功能。

着力完善财政政策和货币政策手段。加快建立现代财税制度，更好地发挥财政政策的再分配功能和激励作用，加强财政资源统筹，加强中期财政规划管理，增强国家重大战略任务财力保障。优化政府间事权和财权划分，建立权责清晰、财力协调、区域均衡的中央和地方财政关系，形成稳定的各级政府事权、支出责任和财力相适应的制度，发挥中央和地方两个积极性。要加大对解决经济社会发展中不平衡、不充分问题的财政支持力度，增强基本公共服务保障能力，科学实施结构性减税降费，支持实体经济发展。强化货币政策、宏观审慎政策和金融监管协调。建设现代中央银行制度，完善货币供应调控机制、中央银行利率调控和传导机制，保持货币信贷和社会融资规模适度增长，稳妥推进数字货币研发。构建金融有效支持实体经济的体制机制，增强金融普惠性。鼓励金融创新，丰富金融市场层次和产品。完善人民币汇率市场化形成机制。完善现代金融监管体系，健全金融风险预防、预警、处置、问责制度体系，强化有效防范系统性金融风险能力。全面实行股票发行注册制，建立常态化退市机制，提高直接融资比重。

健全就业、产业、投资、消费、环保、区域等政策紧密配合机制。把稳定的扩大就业作为经济社会发展的优先目标，加大对就业容量大的服务业、部分劳动密集型产业、灵活就业和新就业形态的支持，推动实现更加充分、更高质量的就业。要适应市场需求变化，深化供给侧改革，完善科技创新制度，强化对技术创新和结构升级的支持。要提供更多高水平的科技创新供给，突破关键技术瓶颈制约，推动新技术快速大规模应用和迭代升级，把我国已经积累的雄厚科技实力和集中办大事制度优势转化为支撑国家发展的"筋骨"和国际竞争的"内力"。发挥投资对优化供给结构的关键性作用，着力抓重点、补短板、强弱项，以有效投资稳定总需求、促进经济结构调整。进一步深化收入分配制度改革，大力改善消费环境，激发消费潜力，完善促进消费政策体系，增强消费对经济发展的基础性作用。要完善绿色生产和消费的政策体系，健全环境质量标准，推进绿色技术创新，强化约束性指标管理的刚性，使生态文明建设要求内化于经济社会发展。建立健全区域战略统筹机制，推动国家重大区域战略融合发展。全面实施乡村振兴战略，坚持农业农村优先发展，推动城乡区域协调发展。建立健全以中心城市引领城市群发展，城市群带动区域发展新模式。

二、以高标准市场体系推动高质量发展

市场体系是社会主义市场经济体制的重要组成部分和有效运转基础。要建设统一开放、竞争有序、制度完备、治理完善的市场体系，努力实现市场准入畅通、市场开放有序、市场竞争充分、市场秩序规范，为推动经济高质量发展打下扎实基础。

（一）全面完善产权保护制度

产权是所有制的核心，产权制度是社会主义市场经济运行的基石，保护产权是坚持社会主义基本经济制度的必然要求。

健全以公平为原则的产权保护制度。完善平等保护产权的法律法规体系，全面依法平等保护各类市场主体产权，公有制经济财产权不可侵犯，非公有制经济财产权同样不可侵犯。要依法严肃查处各类侵害市场主体合法权益的行为，尤其要严肃查处各类侵害民营企业合法权益的行为。

健全以管资本为主的国有资产监管体制。要重点管好国有资本布局、规范资本运作、提高资本回报、维护资本安全。调整完善国资监管权力清单和责任清单，进一步明确各类国有资产责任主体，明确政府公共管理部门不履行国有资产出资人职责。推进经营性国有资产集中统一监管，加快制定各类国有资产监管的法律法规，形成比较完善的国有资产监管法规体系。健全自然资源资产产权制度和法律法规。

完善农村集体产权确认和保护制度。落实农村第二轮土地承包到期后再延长 30 年政策，保持土地承包关系稳定并长久不变，完善农村土地承包"三权分置"制度。深化农村集体产权制度改革，完善农村集体产权权能，将经营性资产折股量化到集体经济组织成员，创新农村集体经济有效组织形式和运行机制。允许农民以承包经营权入股发展农业产业化经营，鼓励农民以土地、林权、资金、劳动、技术、产品为纽带，开展多种形式的联合与合作。

完善和细化知识产权创造、运用、交易、保护制度规则。加大知识产权保护力度，建立健全知识产权执法司法保护制度。尽快完成《专利法》《著作权法》修订，推动形成激励和保护创新的司法保障体系，建立健全知识产权侵权惩罚性赔偿制度，切实提高侵权成本。完善和细化知识产权创造、运用、交易、保护制度规则，加强企业商业秘密保护，完善新领域新业态知识产权保护制度。建立侵犯知识产权强制执行绿色通道。

（二）完善要素市场化配置

完善要素市场化配置是建设统一开放、竞争有序市场体系的内在要求，是坚持和完善社会主义基本经济制度、加快完善社会主义市场经济体制的重要内容。

建立健全统一开放的要素市场。要以要素市场化配置改革为重点，深化对土地、资本、人才、科技等领域要素市场的改革。一是要推进土地要素市场化配置。要加快完善城乡统一的土地市场，推动经营性土地要素市场化配置。在符合规划和用途管制的前提下，健全权利体系、调查评价、用途管制、市场规则、价格体系、收益分配"六个统一"制度，加快构建"保护产权、同权同价、维护契约、平等交易"的城乡统一建设用地市场体系。建设权利平等、规划统一的土地公开交易平台，允许农村集体土地与国有土地等进入非家用地市场，提高农民土地增值收益分享比例。二是要推进资本市场要素化配置。要进一步发挥资本市场的枢纽功能，完善股票、债券等资本市场制度。改革完善股票市场发行、交易、退市等制度，完善投资者保护制度。加快发展债券市场，探索对公司信用债券实行发行注册制管理，加强债券市场评级机构统一准入管理。增加有效金融服务供给，优化金融资源配置，增加服务小微企业和民营企业的金融服务供给。有序扩大金融业对外开放。三是要引导劳动力要素合理畅通有序流动。深化户籍制度改革，放宽除个别超大城市外的城市落户限制，探索实行城市群内户口通迁、居住证互认制度。建立城乡教育、就业创业、医疗卫生等基本服务与常住人口挂钩机制，推动公共资源由按城市行政等级配置向按实际服务管理人口规模配置转变。健全统一规范的人力资源市场体系，加快建立协调衔接的劳动力、人才流动政策体系和交流合作机制畅通劳动力和人才社会性流动渠道。完善技术技能评价体系，加大人才引进力度。四是要加快发展技术要素市场。健全职务科技成果产权制度，支持重大技术装备、重点新材料等领域的自主知识产权市场化运营，完善科技创新资源配置方式。建立市场化社会化的科研成果评价制度，提高技术转移专业服务能力。促进技术要素与资本要素融合发展，支持国际科技创新合作。

加快要素价格市场化改革。一是要完善主要由市场决定要素价格机制。完善城乡基准地价、标定地价的制定与发布制度，逐步形成与市场价格挂钩动态调整机制。健全最低工资标准、工资集体协商和企业薪酬调查制度。深化国有企业工资决定机制改革，完善事业单位岗位绩效工资制度。建立公务员和企业相当人员工资水平调查比较制度，落实并完善工资正常调整机制。稳妥推进存贷款基准利率与市场利率并轨，提高债券市场定价效率，健全反映市场供求关系的国债收益率曲线，更好发挥国债收益率曲线定价基准作用。增强人民币汇率弹性，保持人民币汇率在合理均衡水平上的基本稳定。二是要加强要素价格管理和监督。引导市场主体依法合理行使要素定价自主权，推动政府定价机制由制定具体价格水平向制定定价规则转变。完善要素市场价格异常波动调节机制，加强要素领域价格反垄断工作，维护要素市场价格秩序。

健全要素市场运行机制。一是要健全要素市场化交易平台。拓展公共资源交易平台功能。支持各类所有制企业参与要素交易平台建设，规范要素交易平台治理，健全要素交易信息披露制度。健全科技成果交易平台，完善技术成果转化公开交易与监管体系。引导培育大数据交易市场，依法合规开展数据交易，建立健全数据产权交易和行业自律机制。研究制定土地、技术市场交易管理制度，推动全流程电子化交易。推进实物资产证券化。鼓励要素交易平台与各类金融机构、中介机构合作，形成涵盖产权界定、价格评估、流转交易、担保、保险等业务的统合服务体系。二是要提升要素交易监管水平，健全交易风险防范处置机制。要规范要素交易行为，加强反垄断和反不正当竞争力度，健全投诉举报查处机制，防止损害国家安全及利益行为。加强信用体系建设，完善失信行为认定，失信联合惩戒、信用修复等机制。把要素的应急管理和配置作为国家应急管理体系建设的重要内容，适应应急物资生产调配和应急管理需要，建立对相关生产要素的紧急调拨、采购等制度，提高应急状态下的要素高效协同配置能力。

（三）强化市场法制保障

要使市场在资源配置中起决定性作用和更好发挥政府的作用，必须以保护产权、维护契约、统一市场、平等交换、公平竞争、有效监管为基本导向，完善社会主义市场经济法律制度，确保有法可依、有法必依、执法必严、违法必究。

要完善经济领域法律法规体系。健全以公平为核心原则的产权保护制度，完善物权、债权、股权等各类产权相关法律法规，从立法上赋予私有财产和公有财产平等地位并平等保护。健全破产制度，改革完善企业破产法律制度，推动个人破产立法，建立健全金融机构市场化退出法规，实现市场主体有序退出。修订反垄断法推动社会信用建设，维护公平竞争市场环境。

健全执法司法保障机制。深化行政执法体制改革。按照减少层次、整合队伍、提高效率的原则，合理配置执法力量。规范行政执法行为，进一步明确具体操作流程，最大限度地减少不必要的行政执法事项。加快推进统合执法，重点在食品药品安全、市场监管、公共卫生、安全生产、文化旅游、资源环境等领域推行统合执法，有条件的领域可以推行跨部门统合执法。理顺行政强制执行体制。理顺城管执法体制，加强城市管理统合执法机构建设。强化对市场主体之间产权纠纷的公平裁判。

完善发展市场经济监督制度和监督机制。坚持和完善党和国家监督体系，强化政治监督，严格约束公权力。坚决依规依纪依法查处资源、土地、规划、建设、工程、金融等领域腐败问题。完善监察法实施制度体系，围绕公权力运行各个环节，压减公权力设租寻租空间，坚持破除权钱交易关系网，实现执规执纪执法贯通，促进党内监督、监察监督、行政监督、司法监督、审计监督、财会监督、统计监督、群众监督、舆论监督协同发力，推动社会主义市场经济健康发展。

三、全面改革优化营商环境

营商环境是企业生存发展的土壤。要进一步通过深化改革优化营商环境，聚焦市场主体关切，加快关键环节和重要领域改革步伐，激发市场主体发展活力。

（一）建立统一公开透明的市场准入制度

扎实推进"全国一张清单"管理模式。要确保合法有效的管理措施应列尽列、全部纳入，坚决清理取消违规设立的准入许可、隐性准入门槛和地方自行制定的准入类负面清单。建立并不断完善实时调整与定期调整相结合的清单动态调整机制，使清单与"放管服"改革最新进展紧密结合，积极回应市场主体呼声、推动准入门槛不断放宽。依托全国一体化在线政务服务平台建设，进一步提升市场准入负面清单信息公开力度，丰富公开内容，建立统一的清单代码体系，使清单事项与行政审批体系紧密衔接、完全匹配。

以服务业为重点进一步放宽准入限制。要进一步降低服务业市场准入门槛和制度性交易成本，优化营商环境，有效激发服务业企业和市场活力。目前服务业是我国吸纳就业的主阵地,服务业小微企业和个体工商户在扩大就业、增加收入、改善民生等方面发挥了重要作用,要进一步落实好以营改增为代表的减税降费政策,减轻服务业企业负担、壮大企业发展实力。要加大研发投入发展科技创新型服务业,大力推动物联网、云计算、大数据等新一代信息技术广泛应用。要积极顺应产业转型升级新趋势,不断推进服务业与制造业的融合发展,加速培育有利于提升中国制造核心竞争力的服务能力和服务模式,加快构建现代产业体系,推动高质量发展。

建立市场准入评估制度。政府部门不得随意出台相关规定对市场准入进行限制。即使确需纳入市场准入负面清单的新设事项,也"应在科学评估的基础上,依照法定程序提请制定或修订法律、法规或国务院决定",做到市场准入有法可依。对已有的市场准入规则,也要定期评估、排查、清理各类显性和隐性壁垒,推动"非禁即入"普遍落实。改革生产许可证制度。

(二)完善公平竞争制度

建立健全市场公平竞争政策体系。市场竞争是现代市场经济的基本要求和基本特征,只有市场竞争是公平的,才能实现资源有效配置和企业优胜劣汰。要加强相关政策法规的制定,形成以法律为基础、以政府政策为协调的完备的公平竞争政策体系。从维护市场竞争行为的公平正当出发,确定社会主义市场经济条件下竞争的基本规则,即鼓励和保护公平竞争,又制止不正当竞争行为,保护生产经营者和消费者的合法权益。

强化刚性约束,建立健全第三方审查和评估机制。在规制政策的制定、实施、修订过程中,要适时引入第三方评估,借助社会组织的专业性以及自觉担当治理经济社会的责任意识，增强各行业协会、非政府组织（NGO）、社会民众等各利益相关方的参与程度，增加规制政策实施全过程的公平性和公开性。第三方评估的实质性介入产业规制行为全过程，有助于将规制的承载者由政府这一唯一主体逐渐演变为多元化网络结构，在政府发挥主导作用的基础下，各行业协会、非政府组织（NGO）、社会民众将成为重要的规制参与力量。

加强和改进反垄断与反不正当竞争执法。要在凸显以反垄断法为"经济宪法地位"的基础上，不断增强反垄断法的执法范畴，不断强化执法机构在反垄断方面的执法协调性，加强反垄断执法机构的执法独立性。同时要强化监督检查，依法惩处各种不正当竞争行为。

培育和弘扬公平竞争文化，营造公平竞争的社会环境。从马克思主义的观点来看，任何经济现象都包括生产力与生产关系两个方面，前者反映了生产过程中人与自然的关系，后者反映了生产过程中人与人的社会关系（在现实生活中体现为各种各样的经济制度）。这就说明社会主义市场经济中的公平竞争，不仅需要强制性的正式成文的市场规则，还要依靠非强制性的非正式的不成文的市场规范。这其中包括人们的价值观念、道德观念、习惯、社会舆论，等等。这又常被称为市场文明。从市场经济的发展历史来看，市场良好竞争秩序的建立，不能离开市场文明的建设。

（三）构建亲清政商关系

政府要把构建完善的亲清政商关系落到实处，领导干部同民营企业家交往既坦荡真诚、真心真意靠前服务，又清白纯洁、守住底线、把握分寸；对非公有制经济人士要多关心、多谈心、多引导，切实帮助解决实际困难，真心真意支持民营经济发展。要建立规范化机制化的政企沟通渠道，鼓励行业商会协会、人民团体在畅通民营企业与政府沟通等方面发挥积极作用，完善涉企政策制定和执行机制。

四、建设更高水平开放型经济新体制

对外开放是我国的基本国策，是国家繁荣发展的必由之路。中国的开放大门不会关闭，只会越开越大。要全面提高对外开放水平，促进内需和外需、进口和出口、引进来和走出去协调发展，持续推进贸易和投资自由化便利化，打造中国商品、中国投资、中国服务品牌，打造国际合作和竞争新优势。

（一）加快对外开放、构建对外开放新格局

经过 40 多年的改革开放，我国经济发展取得举世瞩目的巨大成就。目前我国已成为世界第二大经济体，第一大货物出口国，利用外资和对外投资规模位居世界前列。建设更高水平开放型经济新体制，必须实施更大范围、更宽领域、更深层次的全面开放。

增强对外贸易综合竞争力。对外开放不仅带动了国内经济发展，也促进了贸易伙伴共同发展。随着外部环境和我国要素禀赋的变化，需要加快转变外贸发展方式，推进贸易强国建设。要不断优化国际市场布局、国内区域布局、经营主体、商品结构、贸易方式，加快建设外贸转型升级基地、贸易促进平台、国际营销体系。推动贸易创新发展，深化贸易领域科技创新、制度创新、模式和业态创新，加快发展跨境电商、市场采购贸易、外贸综合服务等新业态，创新发展服务贸易。促进内外贸一体化发展，完善调控体系，促进监管体制、经营资

质、质量标准等衔接。

建设对外开放新高地。加快自由贸易试验区、自由贸易港等对外开放高地建设，进一步完善区域布局，赋予自贸试验区更大改革自主权，加强差别化探索，形成更多制度创新成果。要以贸易投资自由化便利化为重点，促进要素跨境自由有序安全便捷流动，稳步推进海南自由贸易港建设，加快形成具有中国特色的自由贸易港。发挥好进口博览会等重要展会平台作用，打造国际采购、投资促进、人文交流、开放合作平台确保进口博览会越办越好。拓展广交会、服贸会等重要展会功能，培育更多有国际影响力的展会平台。

实现高质量引进来和高水平走出去。我国已成为双向投资大国，为全球高效配置资源发挥了重要作用。为了促进双向投资与世界经济深度互动，需要进一步提质增效。要稳存量、促增量并举，完善外资准入前国民待遇加负面清单管理制度，有序扩大服务业开放，引导外资更多投向先进制造业、现代服务业等领域，创新提升国家级经开区、边合区、综合保税区等开放平台，提高利用外资质量。创新对外投资方式，拓展对外贸易多元化。优化国际市场布局，综合考虑市场规模、贸易潜力、消费结构、产业互补、国别风险等因素，引导企业开拓重点市场。提升对外投资水平，鼓励有实力、信誉好的企业走出去，规范企业海外经营行为，树立中国投资形象。鼓励行业龙头企业提高国际化经营水平，深度融入全球供应链、产业链、价值链、创新链。推动中小企业聚焦主业、转型升级，走"专精特新"国际化道路。

推动共建"一带一路"倡议高质量发展。坚持共商共建共享原则，秉持绿色、开放、廉洁理念，加强安全保障，促进共同发展。进一步扩大开放合作，促进商品、资金、技术、人员等更大范围流通，依托各类开发区发展高水平经贸产业合作园区，加强市场、规则、标准等方面的软联通，强化合作机制建设。加快建设中欧班列、陆海新通道等国际物流和贸易大通道，发展"丝路电商"，优化"一带一路"沿线国家的互联互通网络。稳步提高跨境贸易和投资人民币结算比例，扩大经常项目人民币跨境使用，拓宽人民币跨境融资渠道，稳步推进人民币国际化。完善金融支撑和服务体系，推进国际产能合作和第三方市场合作。

（二）建立与完善高水平开放政策保障机制和服务体系

健全高水平开放政策体系。大幅度放宽市场准入，推动产业扩大开放，在更多领域允许外资控股或独资经营，扩大利用外资规模；优化利用外资结构，提高利用外资质量和水平，实行高水平贸易和投资自由化便利化政策。推动制造业、农业扩大开放，引导外资更多投向先进制造业、现代农业。推动服务业扩大开放，稳步扩大金融市场和机构开放，加快电信、教育、医疗、文化等领域开放过程。

健全促进对外投资政策保障和服务体系。加强对外投资公共服务平台建设，健全完善管理服务机制，做好对重点市场相关法律法规、准入政策、市场信息等收集发布，增加对外投资合作公共产品服务供给。深化外经贸体制改革，加强事中事后管理，推动世界贸易组织贸易便利化协定实施，进一步优化通关、退税、外汇等管理方式，推进国际贸易"单一窗口"建设和应用，落实减税降费政策，创建国际一流营商环境。

完善涉外经贸法律和规则体系。要全面实施《外商投资法》，加快制定配套政策措施，加强产权和知识产权保护，保护外商投资合法权益，促进内外资企业公平竞争，保障外商投资企业国民待遇。完善对外贸易调查制度，健全产业预警体系，妥善应对贸易摩擦，提升运用贸易救济规则能力和水平。研究设立贸易调整援助制度，健全对外开放国家经济安全保障体系，健全外商投资国家安全审查、反垄断审查、国家技术安全清单管理、不可靠实体清单等制度。

（三）积极参与全球经济治理

维护完善多边贸易体制。要坚持共建共享，秉持绿色、开放、廉洁理念，推动贸易和投资自由化便利化，反对人为制造经济割裂和脱钩，推动建设开放型世界经济。积极推动和参与世界贸易组织改革，积极参与多边贸易规则谈判，推动构建更高水平的国际经贸规则。目前，全球贸易体系正在经历新的重构，我国要以更加积极的姿态参与现有国际经贸规则的完善，促进建立均衡、共赢、包容发展的多边贸易体制，推动形成公正、合理、透明的国际经贸规则体系，减少和消除贸易投资壁垒。

构建面向全球的高标准自由贸易区网络。区域贸易安排是经济全球化的两大支柱之一，我国已与25个国家和地区签署了17个自由贸易协定。当前在中美贸易摩擦和新冠肺炎疫情的影响下，全球化进程受阻，许多国家开始将重点转向区域合作。我国要积极发挥建设性和领导者的作用，优化自贸区布局，推动区域全面经济合作伙伴关系协定生效实施，加快中日韩等自贸协定谈判，推动亚太自贸区进程。要不断提高货物贸易自由化、便利化水平，推进高标准服务投资负面清单谈判，积极参与新议题谈判，提升自贸协定水平。

加强国际宏观经济政策协调。积极参与国际宏观经济政策沟通协调及国际经济治理体系改革和建设，提出更多的中国倡议、中国方案。依托共建"一带一路"倡议及联合国、上海合作组织、金砖国家、二十国集团、亚太经合组织等多边和区域次区域合作机制，积极参与全球经济治理和公共产品供给，构建全球互联互通伙伴关系，加强与相关国家、国际组织的经济发展倡议、规划和标准的对接。推动国际货币基金组织份额与治理改革以及世界银行投票权改革。

（汪彬　中央党校（国家行政学院）经济学部副教授）

第八章
解决好种子和耕地问题

手中有粮、心中不慌在任何时候都是真理。党的十八大以来，以习近平同志为核心的党中央始终把粮食安全作为治国理政的头等大事，走出了一条中国特色的粮食安全之路。随着"藏粮于地、藏粮于技"战略的实施，粮食发展成效显著，粮食供给能力处于历史最高水平。但我们也要清醒地认识到，我国粮食供求仍将长期处于一种紧平衡态势，确保国家粮食安全这根弦一刻也不能放松。我们既要有端稳 14 亿中国人饭碗的自信，也要始终树立牢牢把握粮食安全主动权的紧迫意识。种子是农业的"芯片"，耕地是粮食生产的命根子，要解决好种子和耕地问题，夯实国家粮食安全基础。

民以食为天，粮食安全自古以来就是关乎国家安全和社会发展的头等大事。经过改革开放以来尤其是农村税费改革以来多年的努力，我国已实现了谷物基本自给、口粮绝对安全，将饭碗牢牢端在自己手里。但是，面对当前日益激烈的国际粮食竞争和越发严峻的生态环境约束，我国粮食安全形势也日趋复杂。其中，种子和耕地问题尤为突出。在 2020 年中央经济工作会议上，种子和耕地问题被专门提出，更加凸显其重要性。农业种质资源是保障国家粮食安全与重要农产品供给的战略性资源，是农业科技原始创新与现代种业发展的物质基础。耕地质量不高，撂荒现象严重，也是困扰粮食生产，影响"藏粮于地、藏粮于技"战略有效实施的重要短板。因此，"十四五"期间，应格外重视并积极抓好种子和耕地问题，从根本上提升我国粮食安全水平。

一、我国粮食安全面临的新形势

近年来，我国粮食综合生产能力稳步提升，粮食种植面积连续 8 年稳定在 17 亿亩以上，粮食总产量连续 6 年稳定在 6.5 亿吨以上，人均粮食产量也稳步提升，实现了从 8 亿人吃不饱到 14 亿人吃不完的重大转变。但与此同时我们也要看到，随着国际国内形势的深刻变化，以及新阶段社会主要矛盾发生转化，我国面临的粮食安全形势也发生了一些重要的变化。

（一）粮食生产的基础竞争力不足

我国农业生产的基础较为薄弱，国产粮食在市场上的竞争力不足。一方面，与新大陆国家的农业相比，我国在资源禀赋、劳动力素质与职业化程度、农业机械水平、农业科技等方面存在较大差距。农业高成本、低效率、基础竞争力弱的状况将在一定时期内维持。

首先，农业人均资源禀赋不足，资源型基础竞争力处于劣势。与美国农业的资源禀赋相比，2015 年，中国的耕地、林地、草地、园地分别为 20.25 亿亩、37.95 亿亩、32.91 亿亩和 2.145 亿亩，而美国的耕地、林地、草地面积分别为 23.19 亿亩、46.51 亿亩、37.26 亿亩。从人口总量上来看，截至 2015 年，中国人口是美国的 4.6 倍，因而两国人均土地资源占有量差距明显，美国人均耕地、林地、草地面积分别约为中国的 4.9 倍、5 倍和 5.2 倍。[①]

其次，我国农业机械化水平尚低。世界上农业先进国家的农业机械化水平都比较高。而对于中国，虽然耕作环节机械化率相对较高，但播种、收获环节的机械化率仍较低。根据第三次农业普查数据，我国农作物耕种收综合机械化率为 63.82%，机耕率较高为 80.43%，但机播率和机收率都较低，分别为 52.08% 和 53.40%。[②]

再次，我国农业科技水平与农业发达国家相比偏低。近几十年来，农业科技创新与应用对中国农业增产与发展意义重大，化学肥料、优良品种、农业机械、生物技术、设施大棚等推动着中国农业发

---

① 张云华：《中国农业基础竞争力对比与建议》，《中国经济时报》2017 年 5 月 9 日。

② 国家统计局：《第三次全国农业普查主要数据公报》，2017 年 12 月 15 日，见 http://www.stats.gov.cn/tjsj/tjgb/nypcgb/qgnypcgb/201712/t20171215_1563539.html。

展进步。但是，与世界上农业先进国家相比，中国在一些基础性、关键技术领域仍有一定的差距。农业科研成果的转化和推广应用工作欠缺，相关农业科学技术集成不够，农民科技素质不强，总体上农业科技型基础竞争力欠缺。

另一方面，我国粮食对外依存度不断提升，受国际粮食市场波动影响程度加深。近年来，我国主要粮食品种丰产的同时进口量持续增加，每年要进口超过 1 亿吨的粮食，大豆对外依存度更是超过 80%。我国粮食进口渠道相对单一，进口来源国较为集中，粮食贸易受到国际贸易摩擦等诸多不确定因素影响。美国作为最大的粮食出口国，是我国粮食进口依赖的重要对象，尤其在中美贸易谈判第一阶段协议达成以后，自美国进口农产品数量进一步增加，2020 年一季度自美国进口的大豆、棉花、猪肉等产品增长迅速，总额达到 355.6 亿元，季度增速为 110%，对国内粮食市场冲击明显。①

自进入 21 世纪以来，中国农业成本持续上升并全面超越美国，中国农业生产效率和竞争力相对下降，农产品进口量快速增加。自21 世纪及中国加入世界贸易组织以来，中国主要农产品成本快速上升，稻谷、小麦、玉米、大豆、棉花等主要农产品的亩均成本比美国高出 20% 至 200% 不等。国内市场上的国产粮食价格普遍远高于国外进口粮食的完税价格，造成国产粮食的成本地板与进口粮食的价格天花板双重挤压。国产粮食竞争力不足造成的产量、库存量、进口量三量齐增现象仍然普遍存在。

---

① 《国新办举行 2020 年一季度进出口情况发布会》，2020 年 4 月 14 日，见 http://www.scio.gov.cn/xwfbh/xwbfbh/wqfbh/42311/42856/index.htm。

（二）粮食增产受到资源环境的约束趋紧

我国粮食产能虽然得到大幅提升，但目前达到的产能是付出巨大生态环境代价，通过过量施用农药化肥、超采地下水、侵占湿地等换来的不健康产能，粮食持续增产乏力。虽然通过提高化肥农药质量、科学施肥、绿色防控等，化肥、农药的使用量呈下降趋势，但使用量仍然较大，化肥施用量占全世界总施用量的三成左右。大量化学药品的投入严重影响耕地质量，使粮食生产的可持续性发展面临巨大挑战。与此同时，随着人口的增长及消费结构的转型升级，居民对粮食的消费需求却在不断增加。如何用有限的资源持续有效满足日益增长的粮食消费需求是中国粮食安全治理面临的重大挑战。

近年来，虽然我国粮食总产量连续 6 年保持在 6.5 亿吨的高位，但总产量和亩均产量的增幅持续降低，粮食产能已接近极限。与此同时，我国"人多、地少、水缺"的资源条件和环境约束进一步收缩。一是耕地面积持续减少，耕地质量不高。虽然高标准农田建设已持续数十年，但仍有近三分之二的耕地是中低产田。二是水资源总量持续减少，利用效率不高。统计显示，2018 年我国水资源总量为 27462.5 亿立方米，比 2017 年减少 4.5%，耕地实际灌溉亩均用水量为 365 立方米，农田灌溉水有效利用系数为 0.55，低于 0.7—0.8 的世界先进水平。[①] 三是农业污染形势严峻。2019 年全国化肥施用量为 340.5 千克每公顷，农药施用量 150.4 万吨，平均利用率分别为 39.2% 和

---

① 中华人民共和国水利部：《2018 年中国水资源公报》，2019 年 7 月 12 日，见 http:// www.mwr.gov.cn/sj/tjgb/szygb/201907/t20190712_1349118.html。

39.8%，相对发达国家存在较大差距。① 同时，秸秆、粪污、病死动物、废弃农膜造成的污染，进一步恶化粮食生产条件。

（三）农民种粮和政府抓粮的积极性下降

近年来，农民种粮和地方政府抓粮的积极性均在下降，农地的非粮化和非农化倾向日益显著。种粮积极性和抓粮积极性下降的原因应从农民和政府两方面来考虑。一方面，从农民的角度，粮食作物的经济效益低。尽管国家给予种粮农民补贴，但化肥、农药、种子等农业生产资料价格连年上涨早已抵消补贴的正面效益，此外，粮食出售价格保持在较低的水平，农民通过粮食生产而实现增收的可能性日益下降，不种粮而将土地流转出去成为理性选择。近年来，全国土地流转率持续提高，转入土地的新型经营主体为了支付流转费，普遍选择种植高效经济作物种植，以获取更高的净利润。养殖行业的收益也要高于粮食种植收入。此外，农户收入结构中，工资性收入的占比从2013 年起即成为第一大类，农业经营性收入的重要性逐渐下降，土地撂荒将劳动力用于非农产业成为越来越多农户的选择。

另一方面，地方政府对于农地非粮化的态度暧昧。从地方利益的角度来讲，无论是调节农业产业结构还是从活动土地财政收入，非粮化都能给地方政府带来经济收益。首先，农业逐渐小部门化，农业的比较劳动生产率较低，加之农产品加工业发展滞后以及对产粮大县财政扶持不足，地方政府抓粮食生产的积极性下降。虽然农业从业劳动力数量随着城镇化进程在不断下降，但农业总产值的占比下降的速度更快，使得农业比较收益趋于降低。其次，土地财政为农地非农化提

---

① 陈祥云等:《我国粮食安全政策:演进轨迹、内在逻辑与战略取向》,《经济学家》2020 年第 10 期 。

供了重要的利益驱动。在 1998 年修订的《土地管理发展》下，建设用地必须使用国有土地，集体土地转为国有土地须经过征地，而征地只能由政府推动，因此地方政府事实上垄断了建设用地的一级市场，在土地流转过程中也能够凭借绝对优势地位来低价圈占土地高价卖给商住企业。因此，由非农开发而导致的农地非农化是一个制度性现象，只要现行税制不发生重大改变，地方政府对土地财政的依赖性仍然会持续，农地制度性的非农化进程很难得到根本扭转。

二、种子和耕地问题是确保粮食安全的关键

农业种质资源是保障国家粮食安全与重要农产品供给的战略性资源，是农业科技原始创新、现代种业发展的物质基础。耕地是粮食生产的载体，是"藏粮于地、藏粮于技"战略成功实施的重要保障。解决种子和耕地问题是"十四五"和未来一段时间内确保我国粮食安全的关键。

（一）种子问题是我国粮食增产提质和满足多样化需求的关键

种子问题主要是农作物种质资源的保护和利用问题。农作物种质资源是指选育农作物新品种的基础材料，包括农作物的栽培种、野生种和濒危稀有种的繁殖材料，以及利用上述繁殖材料人工创造的各种遗传材料，其形态包括果实、籽粒、苗、根、茎、叶、芽、花、组织、细胞核 DNA、DNA 片段及基因等有生命的物质材料。农作物种质资源作为生物资源的重要组成部分，既是当前保障国家粮食安全与重要农产品供给、保障农业科技原始创新与现代种业发展的物质基

础，也是未来农作物种质基因开发、生物科技发展的潜力之源，还是生物产业发展的战略性资源。作物、畜禽、水产、农业微生物等农业种质资源是新品种选育的基础，是遗传信息由上一代传给下一代的载体，是人类生存不可或缺的重要资源之一。

我国农业发展历史悠久，种质资源极为丰富，这些农作物的种质资源是我国乃至世界最为重要的农业遗产。新中国成立以来，农业种质资源得到有效的开发利用，农业品种不断推陈出新，农业科技持续进步，粮食单产屡创新高。从数据上看，中国 2019 年粮食单产较 1949 年净增了 4.6 倍，畜禽、水产品产量则长期居世界首位，这些成就的取得主要得益于品种的持续更新换代，而突破性品种成功培育与推广，无不来源于优良种质资源的挖掘利用。纵观国内外农业史，每次绿色革命的突破，都源于种质资源的发掘利用，良种对粮食增产贡献率达到了 45%。[①] 在很长一段时间内，人类文明的发展史就是一部农耕文明传承史，而农业种质资源又是传承农耕文明的载体。中国古代先民发现、驯化、培育了大量的农业种质资源，这些有生命的、活态的、可延续的种质资源，在传承中华农耕文明、推动人类社会发展过程中发挥了不可替代的作用。

（二）耕地问题是确保口粮安全和农业绿色发展的关键

耕地是农业生产的载体，也是保障粮食安全的根本。耕地的数量和质量在很大程度上同粮食的产量息息相关；耕地数量的减少和质量的降低将会给口粮安全和生态环境造成严重的负面影响，因此必须高度重视耕地的保护和利用工作，切实处理好这方面存在的突出问题。

---

① 《种业自主创新有力支撑粮食连年丰收》，《人民日报》2020 年 12 月 19 日。

从数量上来看，18亿亩耕地红线是确保口粮安全的最低限度要求。随着工业化和城镇化的快速发展，中国土地的用途逐渐由耕地变为了工业用地或者是商业用地，而土地用途的改变会使农业受到相应的影响。与此同时，年轻一代的农民向城市迁移，致使农村土地大量荒废，进一步造成了耕地数量的减少，极大地影响到中国粮食生产。从全国范围来看，耕地面积减少是一个普遍现象。我国已有664个市县的人均耕地面积低于联合国粮农组织所确定的0.8亩警戒线，占比超过20%。减缓耕地面积减少，不只需要通过调动农民种地积极性的制度安排间接地调控，还需要通过土地整理等科技手段主动干预，千方百计确保粮食安全所需的耕地面积。

从质量上来看，中国以不足世界10%的耕地养活了世界上22%的人口，但我国的化肥年使用量约占全世界总量的1/3。在农药使用方面，为了确保粮食产量，大量毒性强、降解慢、残留期长的农药曾在历史上被使用，近年来使用的换代产品有机磷、氨基甲酸酯类、有机氮类杀虫剂和磺酰脲类除草剂，相对缓解了土壤污染的程度，但污染范围却因使用范围的扩大而扩大。农药在土壤中的残留对土壤有益微生物和有益动物，如蚯蚓、食蚜蝇和食蚜蚁等产生不同程度的危害，使土壤肥力受到很大损害。此外，设施农业中大量使用的农用塑料薄膜也对耕地土壤造成了污染，与国外农用薄膜污染相比较，我国农膜污染更加严重，部分国产农膜耐用性差、易破碎、清除率低，加之残膜收购价格太低，调动不起农民的积极性，往往清理大张的，忽视小块的，不翻土里的。当土壤中含废旧农膜量过多时间过长时，耕作层土壤结构被破坏，土壤板结，孔隙减少，通气性、透水性降低，阻碍水分和营养物质的流动，降低土壤肥效，抑制微生物活力，抑制农作物种子发芽、出苗和根系生长，造成作物减产。可见，减少农业面源污染任重而道远，而推动农业绿色发展是培育地力、提高耕地质量进而落实"藏粮于地"战略的关键所在。

三、农作物种质资源保护利用存在的问题和完善措施

2020年2月11日，国务院办公厅印发《关于加强农业种质资源保护与利用的意见》（以下简称《意见》），《意见》指出，近年来，我国农业种质资源保护与利用工作取得积极成效，但仍存在丧失风险加大、保护责任主体不清、开发利用不足等问题。

（一）种质资源保护利用存在的问题

1. 对种质资源缺乏有效利用。相对于农作物种质资源的"保护"，"利用"占有更为重要的地位。只有通过利用，才能解决现有农作物种质产量低、病虫害等方面的问题，并开发新的更优良的品种。尽管《种子法》等正式制度安排为种质资源的利用创造了十分便利的条件，但是我国库存种质资源的利用率仍然很低。我国长期保存农作物资源超过51万份，还有560多个畜禽地方品种、近2万种水产种质资源、23万多份微生物资源，生物种质资源总量位居世界前列。遗憾的是，这些种质资源通过表型与基因型精准鉴定，应用于育种创新的占比总体上还不到10%。① 因此，大多数农作物种质资源还沉睡在种质库、圃中，尚未被开发利用，即使开发，也多停留在初级阶段，资源优势

---

① 新华网：《保护利用好传承农耕文明的种质资源——农业农村部负责人解读〈关于加强农业种质资源保护与利用的意见〉》，2020年2月11日，见 http://www.xinhuanet.com/fortune/2020-02/11/c_1125561028.htm。

还没有有效转化为产业优势。此外，农作物种质资源保藏的投入力度远远大于种质资源研究的投入力度，注重收集保藏和分类学性状的鉴定，而没有开展功能评价，制约了种质资源的利用。

2. 野生和国外种质的保存较少。野生种质和境外种质的优良种质基因对于改良常规栽培的农作物基因有着重要作用，事实上，一个国家占有的种质资源的多少与该国农业科技的发展水平密切相关。我国在传统上对栽培、种植、使用的农作物种质比较重视，但对于地方品种和野生种等特有种质资源的关注度不够，导致了资源的流失。例如，广西壮族自治区在1981年还有野生稻分布点1342个，目前仅剩300余个。[①] 此外，由于我国生物安全意识觉醒较晚，种质资源中来自境外资源的比例不高，从境外引进种质资源以丰富我国的种质资源储备的工作重视不足，而西方国家很早就开始从全球收集种质资源。

3. 种质资源保护制度缺乏可操作性。当前，我国农作物种质资源保护的基础性制度《种子法》明确界定了保护对象的范围，但大多是原则的规定，没有做出具体的、可操作性的有关普查、收集、整理、鉴定、登记、保存、交流和利用的指引。这使原本具有战略性、基础性地位的农作物种质资源保护问题，成为看似可有可无的公益行为。在具体操作中，农业农村部门不得不依赖《全国农作物种质资源保护与利用中长期发展规划（2015—2030年)》等临时性政策或规划来实施种质资源保护。此外，当前我国种质资源保护的法律法规中，对于未能妥善履行普查、收集、整理、鉴定、登记、保存、交流和利用的行为，未作出任何惩罚性规定，这种责任追究机制的缺失，使得农作物种质资源的保护缺乏法律层面的可操作性，种质资源的灭失、流失

---

① 张雪：《保护种质资源还得加把劲》，《经济日报》2018年4月3日。

现象无法得到有效遏制。

（二）种质资源保护利用的完善措施

1.鼓励和保障对农作物种质资源的利用。通过分子标记、转基因、分子设计育种等现代生物技术，针对农作物的重要病虫害广谱抗性、水肥高效利用、节水、重金属吸附效率，从农作物高产、稳产、绿色的角度出发，进行深度技术发掘，进而快速产生优异种质资源，为现代种业发展提供科技支撑。具体来说，首先，应依法加强对农作物种质资源创新成果的知识产权保护，增大科研人员利用单位资源和技术获取知识产权成果之后的利益分配权重，以提高科研积极性。其次，应探索整理建立全国性的农作物种质资源管理、研发和共享数据平台，构建由种质保存库（圃）、原生境保护点、鉴定评价（分）中心等组成的全国性作物种质资源数据信息连接网络，以实现数据的便捷查询、申请、获取，为从事农业生物科技工作的个人或者单位提供便利。最后，应有计划地从现有种质资源储备中进行基因挖掘，发现可以提高现有栽培农作物抗病虫害、抗旱、抗涝、抗盐碱、抗寒、增产的优良基因。

2.加强对野生种质资源和境外种质资源的收集保存。丰富的农作物种质资源储备，是通过远缘杂交、理化诱变、基因工程等技术手段规模化创制遗传稳定、目标性状突出、综合性状优良的新种质的基础条件。因此，必须加强对野生种质资源和境外种质资源的收集保存，获取尽可能多的野生种质资源和境外种质资源。首先，应当将野生及境外种质资源的收集、保藏列为种质资源收集保藏工作的重要组成部分，以发展的眼光确保获得其未来的价值。其次，应强化境外种质的引进，重点加强与受托持有和管理种质资源的国际农业研究磋商组织的合作，引进更多的种质资源技术，同时争取尽快加入《粮食和农业植物遗传资源国际条约》，以充分利用其他国家丰富的作物种质资源。加大与国外优异种质资源的引进和交换力度。

3. 健全种质资源保护利用的制度体系和实施细则。一方面，应进一步修订、细化《农作物种质资源管理办法》。依据《种子法》制定但已经滞后于《种子法》的《农作物种质资源管理办法》，具有较好的立法基础，几乎涉及了收集、整理、鉴定、登记、保存、交流等有关种质资源保护的所有方面，应当对其中原则性、宣示性的条款予以细化，使其具有可操作性。另一方面，要设置与法定权力相对应的法律责任。要通过明确法律的实施细则，使权利与责任相对称，让获得法律赋予种质资源保护权力的相关部门，履行相应的责任，确保权力不滥用、义务会履行。

四、耕地保护利用存在的问题和完善措施

改革开放以来，围绕耕地的保护利用，国家出台了很多政策法规，也取得了一定的成效，对于巩固粮食安全的根本基础发挥了重要作用。但是，在当前多种市场和制度因素的作用下，我国在耕地方面所存在的问题日益凸显出来，提升耕地的保护利用水平迫在眉睫。

（一）耕地保护利用存在的问题

1. 非粮化、非农化趋势依然明显。保有一定数量的耕地是确保国家粮食安全的基础。当前，在工业化城镇化背景下，我国耕地面积持续减少，如果仍将主要用于粮食耕作的土地转变为非粮或非农业用

地，必将威胁粮食安全，甚至造成严重的经济社会后果。但是，受多种因素的影响，非粮化、非农化现象较为普遍。首先，从经济效益上来看，土地用来种粮不如用于种植经济作物或发展养殖划算。若除去劳动力、化肥、种子、农药和机械等成本后，种粮收益所得不多，甚至会有严重亏损。因此，无论是农户还是新型农业经营主体，在追求成本最小化和利润最大化的市场驱动力下，将农业用地用于非粮用途都是理性选择。其次，土地的农业使用与非农用途相比处于弱势地位，特别是位于城市周边地区的土地，用来从事工商业还是用于农业，在经济效益上悬殊。在市场经济条件下，出于对利益的追逐，一些地方违反规划和用途管制，将农业用地甚至基本农田转为非农使用。一些工商资本打着发展现代新型农业的幌子，把土地进行长期"批租"，租到后又改用于其他产业，造成了严重的农业用地非农化问题。

2.高标准农田建设水平不高。当前，我国仍有 20 亿亩左右的农田，其中 1/3 是高标准农田，2/3 是中低产田。耕地总体质量不高成为我国发展现代农业的软肋。事实上，早在 30 多年前，我国全部耕地中的中低产田就占 2/3，至今这一比例仍然未变，造成这一局面的原因，既不是因为农田质量一成不变，也不是因为几十年来没有进行高标准农田建设，而是农田质量的退化与修复处于大体平衡的状态。多年来，我国建设高标准农田的投资强度是每亩 1000 元至 2000 元，只相当于农田整治水平比较高的日本的 1/30，整治出来的农田质量很容易退化为中低产田。①

3.农业面源污染问题较为严重。造成农业面源污染问题的原因是

---

① 徐祥临：《打造现代版"富春山居图"　让乡村振兴为中国经济注入持久动力》，《国家治理》2020 年第 4 期。

多方面的。其一，工业发展对土地造成了严重的污染。当前，工业废物的大量排放使得我国每年有大量的粮食遭到各类重金属的污染。其二，水土流失、农药化肥的过量使用、不合理的灌溉方式及自然灾害等也导致耕地质量退化，可利用程度降低，使其难以在短期内恢复甚至永久丧失耕作能力。此外，我国畜禽养殖业始终保持高速发展的势头，在畜禽养殖业主产区，当地畜禽粪便及废弃物产生量往往超出当地农田安全承载量数倍乃至百倍以上，造成严重的土壤重金属和抗生素、激素等有机污染物的污染。

（二）耕地保护利用的完善措施

1.加快健全农业支持保护制度。解决农地的非粮化、非农化问题关键是要建立完善一整套粮食农业的支持保护制度。近年来，在这一方面国家已做出了很多政策努力，但与兼顾农民种粮积极性、确保市场经济健康运行和提升国产粮食竞争力等目标的农业支持保护制度尚有不小距离。对此，应坚持市场配置农村资源要素与提高农业支持保护效率相统筹，坚持市场化改革取向与保护农民利益并重，深化农产品价格和收储制度改革，完善农业支持保护政策。稻谷和小麦作为核心口粮，重要程度高、可替代性差、生产主体和消费主体均高度分散，推进改革应坚持稳中求进。在当前生产者补贴、收入保险等一系列配套制度尚不完备的情况下，应稳定制度框架，完善定价机制。根据市场供求关系和价格波动情况，适度调整最低收购价水平，加大价格弹性，释放价格能涨能跌的信号。加快构建新型农业补贴制度和支持政策。稻谷和小麦两大口粮是粮食安全的内核，在合理调整最低收购价水平的同时，按"降多少补多少"原则给予相应补贴，稳定农民收入预期，为分步推进市场化改革创造有利条件。同时，契合粮食市场化改革方向，积极运用农业保险等市场化工具，探索推进粮食完全成本和收入保险，加快构建起种粮收入安全网。此外，要围绕坚守18亿亩耕地红线的总目标，严格落实耕地保护目标责任制，严格执行耕地保有量、基本农田面积、土地利用总体规划和年度计划四项指标。要强化土地利用总体规划的整体控制作用，严格土地用途管制，从严控制城市用地规模。

2. 加大对农村土地整治的投入力度。土地整治是农业基本建设项目，其投资不仅直接创造需求，而且还有很强的投资乘数效应。据自然资源部国土整治中心数据，农用地整治涉及18个行业的产品消耗或服务，直接投资乘数为3.28，即每投资1万元，将增加GDP3.28万元。[①] 如果将延伸投资和消费促进等间接效应计算在内，农用地整治的投资乘数可达到4.0以上，增长拉动效应明显。如能对大量闲置地、浪费地、撂荒地、衰竭地、粗放用地等进行整治，对盐碱地进行土壤改良、污染治理和修复，运用科技手段将低产田改造成高产田，则可以加快"藏粮于地、藏粮于技"战略的实现，确保粮食安全。在"十四五"期间，加大农村土地整治力度，需要把握以下政策要点。其一，投资规模。鉴于目前我国土地整治投资强度为每亩2000元左右，远低于农业发达国家的土地整治投资强度，因整治质量不高而导致土地在整治后不久就退化为中低产田的现象较为普遍。综合考虑建设农田建设标准需要、我国基本国情和农村土地制度特征，可将新一轮土地整治的投资强度适当提高到每亩5000元左右，并以5年为一个周期，将20亿亩耕地全部整治完毕。其二，资金来源。应根据土地整治项目性质的不同，开辟多元化的融资来源。对于公益性土地整

---

① 刘新卫：《土地整治如何助力扶贫攻坚》，《中国土地》2016年第4期。

治项目，如以提升耕地质量为目标的高标准农田建设等，应以财政性融资为主，辅之以政策性融资，同时鼓励农民筹资投劳。对于半公益性土地整治项目，如利用城乡建设用地增减挂钩政策开展的土地综合整治项目和以补充耕地为目标的造地项目等，应采取市场性融资先行、政策性融资付费的方式，包括公私合作（PPP）、农村土地资产证券化等方式。对于非公益性土地整治项目，如工矿废弃地复垦用于生态旅游产业等，可采取建设—经营—转让（BOT）等模式，项目建设投入应以企业为主，政府不参与具体的融资活动，主要负责协调、监管等工作。其三，推进次序。首批土地整治项目应优先选择在"三区三州"深度贫困地区、重点劳务输出地的农村开展。其次可根据耕地质量情况、社会条件等因素依次对粮食主产区开展整治。最后对盐碱地、滩涂、山区和其他未利用地实施整治。其四，配套措施。在土地整治过程中，要树立"土地整治＋"的理念，确立土地整治多功能目标定位，充分发挥土地整治的平台和基础作用，将土地整治项目与美丽乡村、生态治理、厕所革命、危房改造、移民搬迁、脱贫攻坚、现代农业和乡村文化等元素相融合，借土地整治大力推进乡村全面振兴，使土地整治发挥出更多、更大的经济和社会综合效益。

3.加强耕地污染的防范和治理。首先，要完善农业面源污染的检测和管理体系。要确保农业投入品和污染排放数据的准确性和完整性。对此，可建立农药等农业投入品的销售信息网络，及时记录农业投入品的销售情况，准确掌握农业投入品的流动情况。其次，要有针对性地开展农业面源污染防治工作。水体污染和土壤污染是农业生产中的主要污染，造成污染的情况各有不同，治理方式也应有所差别。目前，水体污染的情况极其复杂且污染范围较大，在污染过程中，雨水冲刷、河水流动等都会造成污染区域的扩大，加大防治工作的难度。因此，要有针对性地进行农业面源污染防治工作，根据污染情况制订有针对性的措施，使防治工作能够有效开展。最后，要积极开展无害技术研究，优化农村环境。随着社会进步，农业相关技术也在不断发展，无害技术的研究成为当今农业技术发展的主流。建设绿色生态是农业生产生活的发展目标。为了有效开展农村面源污染防治工作，有关技术部门应加大无害技术的研究力度，利用现代农业技术代替传统技术，推动绿色生态目标的实现。

（邹一南　中央党校（国家行政学院）经济学部副教授）

第九章
强化反垄断和防止资本无序扩张

竞争与创新的良好互动是经济高质量发展的必要条件。垄断和资本无序扩张，都会扭曲竞争机制、破坏竞争秩序，损害创新。反垄断、反不正当竞争、防止资本无序扩张，是完善社会主义市场经济体制的内在要求。

党中央高度重视金融科技和平台企业的规范健康发展。近年来，我国互联网平台经济不断壮大，平台经济发展正处在关键时期。国家支持平台企业创新发展、增强国际竞争力，同时要依法规范发展，健全数字规则。让平台经济更好赋能产业、激活创新，让更多人共享数字红利。

一、反垄断和防止资本无序扩张是高质量发展的必然要求

2020 年 12 月，中共中央政治局会议提出要"强化反垄断和防止资本无序扩张"，并在紧接着召开的中央经济工作会议中再次强调这一问题。市场经济是竞争的经济，反垄断、反不正当竞争、防止资本无序扩张，是为了保障市场充分竞争、自由竞争和公平竞争，是完善社会主义市场经济体制的内在要求。2021 年 3 月召开的中央财经委员会第九次会议重点研究促进平台经济健康发展问题，从构筑国家竞争新优势的战略高度出发，提出了发展和规范并重、加强平台各市场主体权益保护、金融活动要全部纳入金融监管、为高质量发展和高品质生活服务等要求。会议特别强调"促进公平竞争，反对垄断，防止资本无序扩张"，进一步明确要"提升监管能力和水平，优化监管框架，实现事前事中事后全链条监管，充实反垄断监管力量，增强监管权威性"[①]。

党中央高度重视金融科技和平台企业的规范健康发展。2010 年以来，我国互联网平台机构迅速兴起，并与金融业务密切结合，几乎覆盖了金融业所有领域。近年来，越来越多的交易活动通过"平台"完成，平台企业成为新业态中重要经济体之一。我国部分科技公司进

---

① 《平台经济新一轮反垄断大幕开启》，《经济参考报》2021 年 3 月 18 日。

入金融领域，将科技手段与传统金融业务相结合，提升了资源配置、支付手段以及财富管理等传统金融功能的效率，信贷、征信、支付、资产管理等业态发生显著变化。在充分肯定科技公司进入金融领域所发挥的积极作用的同时，应全面、深入认识可能产生的风险，尤其是要防范科技公司背后的资本无序扩张和垄断对金融安全的冲击。互联网行业不是反垄断的法外之地，平台企业同样要遵守反垄断法律法规，维护市场公平竞争。

我国金融服务实体经济尤其是中小民营企业的体系不健全，给金融科技留下了较大的发展空间，加之对金融科技监管的长期缺位，使部分从事金融服务的科技公司规模不断壮大。进入金融行业的科技公司没有改变金融中介的本质，以消费信贷为其主要业务，以获取利差为其盈利模式。互联网金融平台在我国的迅速发展受惠于中国的市场潜力，得益于监管部门对创新的鼓励和包容。但鼓励不是放纵，包容不是无底线，放任市场垄断、无视资本无序扩张将会带来巨大的金融风险，最终损害金融消费者的利益，破坏金融市场健康可持续发展。大量的互联网平台从事金融业务，如果监管规则跟不上，就会产生金融风险隐患。

二、防范平台垄断和资本无序扩张风险的内在逻辑

反垄断的理论基础是竞争理论。竞争能够使消费者实现福利最大化，使生产者实现成本最小化。现实经济中存在垄断，竞争就会受到抑制，进而降低消费者和社会的福利水平，这就是反垄断的意义所在。

（一）垄断限制市场竞争

竞争是市场经济的本质特征，是市场经济有效运行的前提和基础，没有竞争就谈不上市场经济。垄断是市场经济运行中的"不和谐音符"，有可能扭曲市场机制，造成不公平竞争，损害消费者利益。靠市场机制本身解决不了垄断问题，必须通过政府的"有形之手"对垄断行为加以矫正。各国都禁止企业滥用市场垄断地位的行为，根本原因就在于滥用市场垄断地位会排除和限制市场竞争。第一，滥用市场垄断地位进行掠夺性定价。为了排挤和打压竞争对手，以低于成本的价格销售商品，在挤垮竞争对手之后，再提高价格，独享市场，进一步强化其垄断地位。在金融领域形成的垄断地位就引发了"大而不能倒"的问题。第二，设置独家交易规则和各种障碍阻止竞争对手的进入。具有市场垄断地位的企业对其贸易伙伴设置强制性条件，甚至利用其垄断地位强迫交易对手接受不合理条件，如要求对方只能与其进行交易，不能与其竞争者进行交易，以此掠夺其他企业的市场份额。大量的研究表明，在位卖方在潜在竞争者进入市场之前能够与买方达成一致，由此具备了先发优势。更有甚者，买卖双方通过约定损失来降低买方转向潜在竞争者的意愿。该类协议具有排他性，会导致低效率。第三，通过搭售严重限制甚至排除市场竞争。垄断企业实施搭售的目的是为了将其原本具有的市场支配地位的影响扩大到其他市场，在新的市场排挤竞争者，最终使竞争者失去销售相关产品或提供相关服务的机会。古典经济学将完全竞争视为最优市场结构，认为竞争能够实现资源的最优配置和福利的最大化。但是，市场机制本身的缺陷会导致市场失灵，垄断就是缺陷之一。"马歇尔冲突"反映的就是市场中竞争因素和垄断因素之间的冲突性。

（二）垄断造成社会福利损失

短期来看，垄断性平台机构看似符合消费者福利主义理论；但长期来看，却对消费者、市场从业者、供应商利益以及公平竞争环境造成极大的损害。

垄断企业利润的资金是以消费者剩余的减少和社会资源的浪费为代价的。如果市场是按照完全竞争的方式运行的，并且市场由大量的产品销售者组成，消费者也具备关于产品的完备信息，那么反垄断政策和其他管制行为就都是多余的。但这种完全竞争情形在经济现实中是不存在的，大多数行业是由少数大厂商主宰的。之所以对垄断进行管制，主要是由于垄断者对价格的控制会对社会经济效率造成损失。竞争是市场经济中基本的机制，反垄断就是为了加强竞争以维持公平的市场环境，以达到经济效益最大化，保护个人或企业有权利参与市场竞争。反垄断政策的作用就是保持市场准入的开放和市场机制的有效运转，从而为企业创造进入市场、参与竞争的机会，让市场在资源配置中起决定性作用，最终增加消费者福利。

（三）平台经济及平台垄断的特殊性

在平台经济出现之后，发挥了重要作用。与传统经济相比，平台经济有以下特征：一是网络外部性。Jetlrey Rohlfs（1974）在研究电信服务时发现，新用户在选择电话网络时，更愿意加入原有用户多的网络。二是实现了从"渠道模式"向"平台模式"的转变。"渠道模式"是一种通过线性过程制造价值的模式，平台模式以促进平台生态系统中生产者和消费者互动为目标，它不仅是销售渠道，更是基础设施和协调机制。平台本身不制造最终价值，只是促进价值的制造。平台参与者担任生产者和消费者双重角色，能够更好地完成生态系统中价值的交换。三是降低了交易成本。第三方支付平台打破了银行间交易壁垒，降低了服务成本，减少了交易所需的时间。四是降低了交易风险。平台的信誉担保作用增强了交易的安全性，解决了信息不对称的问题，降低了企业、客户的交易顾虑。

平台经济具有双边市场的特征，平台垄断也不同于传统的垄断，用传统的反垄断理论无法解释平台垄断。平台机构的兴起，使市场垄断力量从一个垂直市场向多个垂直市场拓展。传统经济与平台经济的不同在于生产要素从有形转变为无形，由此产生了不同性质的垄断形成机理。标准形成、产权保护容易导致技术型垄断，市场份额是胜负的关键，通过渗透定价①的方式最大限度获得市场份额是其重要战略，"赢者通吃"是平台经济竞争的动力。相对于传统产业，平台产业的转换成本更高，这就使规模经济、创新等因素成为推动平台垄断的重要力量。Brian Arthur（1983）提出了"锁定效应"概念，用来形容达到某个点后很难退出的状态。②锁定效应降低了用户选择其他平台的可能性，平台由此形成垄断势力。网络效应、转换成本、规模效应、经验效应和增值效应共同形成了锁定效应。平台垄断的形成机理如下：

市场结构分为完全竞争、垄断竞争、寡头竞争和完全垄断四种基本形态。但这种划分是以传统产业为背景的，没有考虑平台经济的独特性。传统的反垄断法关注于经营者集中、滥用市场、垄断协议等问

---

① 渗透定价指初期采取低价甚至免费策略吸引顾客，占领市场之后再提高价格，以补贴前期亏损。

② [美]布莱恩·阿瑟著，曹东溟、王健译：《技术的本质》，浙江人民出版社2018年版。

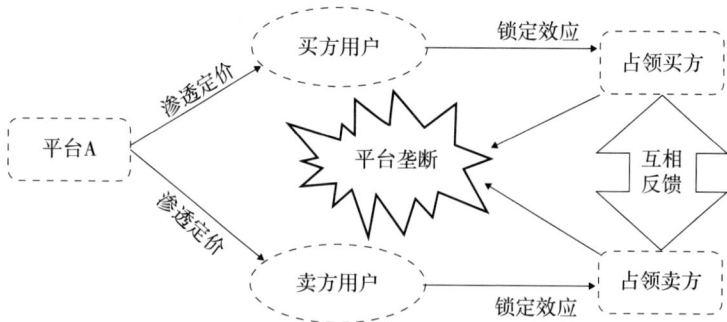

图 9-1　平台垄断形成机理

资料来源：作者自制。

题，平台机构产生了新的现象和新的问题，需要更多关注是否妨碍新的平台机构进入、是否存在误导用户的行为、是否以非正常的方式收集数据，等等。首先，数字化市场经济的典型特征之一就是"赢者通吃"。已经具备市场优势的平台企业能够大范围收集用户数据，逐步累积更大的竞争优势，使潜在竞争者进入的难度较一般商品市场更大。同时，数字化市场经济存在更加明显的虹吸效应。尤其是金融科技领域，由于网络效应的存在，更容易造成"赢者通吃"、市场垄断和不公平竞争的局面。从现实来看，大型平台企业长期垄断的现象愈发明显。其次，平台的网络效应大幅提高了转换成本，使用户失去了转换的动力。从用户的视角来看，形成锁定效应需要经历选择平台、试用平台、确立平台到锁定平台四个阶段，一旦到了锁定平台阶段，转换成本会非常高。从平台的视角来看，对应于用户的每一个阶段，平台的策略也在不断调整，从性能展示、提高用户满意度到培养用户忠诚度，用户忠诚度提高的过程就是"锁定效应"形成的过程，最后达到锁定用户的目的。最后，利用数据垄断容易形成双轮甚至多轮垄断。平台机构能够利用基础服务能力形成用户集中优势和数据垄断优势，通过运用"锁定效应"，更容易使垄断地位从第一个领域延伸到第二个、第三个领域。数据控制使流量垄断更加明显，能够在多个垂直市场间传导。数据作为一种重要的生产要素，具有准公共品性质和规模效应。数据的垄断会强化大型平台金融机构的市场支配地位，单靠市场力量又很难打破数据垄断的现状。

三、治理平台垄断的国际经验

垄断导致竞争功能无法有效发挥，这就需要国家通过法律或政策手段对市场进行干预。反垄断政策是各国用以维护市场公平竞争、促进经济发展的重要手段。尤其是在平台经济领域，全球范围的监管越来越关注数据垄断的危害，各国更加重视平台垄断破坏市场公平竞争并引发系统性金融风险的问题。

（一）美国的《数字化市场竞争调查报告》

互联网为美国经济发展带来巨大福利。但平台机构高度垄断的趋势明显，呈现出垄断的市场倾向。2020 年 10 月，美国联邦贸易委员会要求脸书、亚马逊和推特等 9 家科技公司，在 45 天内上报他们如何收集并使用用户个人信息，如何向用户投放定向广告，如何实现用户增长等情况。同时，美国众议院司法委员会颁布了《数字化市场竞争调查报告》，对美国的数字化市场进行了分析和总结。该调查报告认定谷歌、脸书、亚马逊和苹果等互联网平台企业已经在美国数字化市场形成垄断地位，并利用该地位打压竞争者。该调查报告认为上述平台机构的反竞争行为包括以下方面：一是数据滥用行为，大型互联网平台企业处于市场支配地位，有动机和能力利用其市场支配地位对抗消费者和供应商。二是垄断杠杆行为，平台机构通过垄断杠杆传导市场势力，即利用其在某一市场的影响力提升其在另一市场的地位。三是掠夺性定价行为，大型平台机构以极低的价格对商品或服务定价，目的是驱逐竞争对手并占领市场。在削弱对手的市场竞争能力之后，再通过收购的方式将其收购。四是拒绝交易威胁，垄断性平台机构拒绝与第三方开展业务威胁方式等同于剥夺市场参与者进入该市场的权力，这样垄断性平台机构就能获取更大的利润。五是搭售行为，部分大型平台机构能够对产品的购买和服务加以控制，甚至对消费者的选择加以限制。例如，谷歌要求使用安卓操作系统的设备制造商必须安装谷歌浏览器和谷歌搜索软件。

关于如何解决上述问题，《数字化市场竞争调查报告》提出如下建议：第一，采取结构性拆分的方式，即要求大型平台企业业务与其所有权分离。第二，采取数据互操作性和可迁移性方案，即要求平台机构开放其服务，同时实现与各种网络相兼容，降低竞争者市场进入壁垒，降低用户转换成本。第三，禁止大型平台机构的并购行为，除非合并方能够证明并购对维护公共利益是必要的。第四，修正反垄断法立法目的，指出反垄断法除保护消费者外还保护工人、企业家、独立企业、开放市场和公平竞争等。第五，强化反垄断执法机构的执法能力，严禁反垄断执法机构与被调查企业"同谋"。

（二）欧盟对平台垄断机构开出天价罚单

2017年6月，欧盟委员会称谷歌违反了欧盟的"反垄断"条款，因此开出了50亿美元的高额罚单。欧盟委员会认为，谷歌滥用其市场主导地位，强迫手机制造商在手机中预装谷歌浏览器等谷歌旗下的产品，将这些产品与谷歌应用商店捆绑出售。谷歌的捆绑销售行为令其轻易击败其他竞争对手，取得大量用户数据，成功牟取暴利。2018年1月，欧盟对高通公司开出12亿美元的罚单，原因是高通滥用其市场支配地位限制市场竞争，违反了欧盟反垄断法。2020年，欧盟公布了关于互联网平台治理的《数字服务法（草案）》和《数字市场法（草案）》。两部草案规定，垄断性平台机构需要承担额外附加义务，确保平台竞争环境的开放性和公平性，当好数字市场的"守门人"。

（三）对"大而不能倒"金融机构的监管

防范金融机构"大而不能倒"造成的系统性风险成为各国监管改革的重点。第一，强化系统重要金融机构的资本监管要求，增强其抗风险能力。在各国实践中，监管部门都对"大而不能倒"金融机构提出特别资本监管要求。美国提高了对系统重要金融机构资本、杠杆率、流动性、风险管理的监管标准。英国提高对系统重要银行的资本要求，着重监管流动性风险。欧盟要求系统重要银行增加额外资本缓冲，提高证券化业务风险敞口的资本要求，加强信息披露，强化流动性风险管理。第二，明确加强对所有系统重要金融机构的日常监管。美国将美联储的监管范围扩大至所有对金融稳定有影响的金融机构，包括非银行金融机构。美联储还直接负责监管金融控股公司，其子公司分别按行业由相应监管部门实施监管。英国要求对表外业务视同表内业务加以监管。欧盟主张对所有存在系统性风险隐患的金融机构都纳入监管范围，尤其是影子银行。第三，限制系统重要金融机构的规模和经营范围，降低产品复杂性。美国禁止系统重要银行开展高风险业务，在必要时拆分威胁金融稳定的大型复杂金融机构。英国限制系统重要银行拓展分支机构和子公司。欧盟提出对系统重要银行的复杂程度进行限制。

四、平台垄断和资本无序扩张的问题和风险

科技与金融的融合没有消除金融行业固有的流动性风险、信用风险和期限错配风险等，同时又带来了一些新的风险。传染性、涉众性更强，网络数据信息安全风险更加突出，混业经营特征更加明显，风险扩散速度更快，溢出效应更强，"垄断"与"系统性"的关联更加紧密。在平台机构进入金融领域发展过程中，从业机构良莠不齐，部分垄断性平台机构风险防控体系不健全，加大了发生系统性金融风险的隐患。

（一）"大而不能倒"平台机构增加了爆发系统性金融风险的隐患

金融机构不同于普通企业，一旦出问题就可能引发系统性金融风险。在 2008 年美国次贷危机中，"大而不能倒"的金融机构放大了风险，对金融市场的稳定性带来巨大冲击。在此之后，国际社会都对系统重要性金融机构有了新的认识和新的监管框架。系统重要性金融机构的监管模式是对"大而不能倒"理论的延伸。系统重要性金融机构的倒闭会引发系统性金融风险，应该对所有的大银行加以救助，不能任其倒闭，目的是为了保护存款人和债权人的利益，根源在于金融危机具有极强的传染性。但是，"大而不能倒"的监管理念赋予了大银行更多的竞争优势，这种救助制度还会产生道德风险问题。

近几年，国内一些大型平台机构在金融领域独占鳌头。部分平台机构贷款规模超万亿元，旗下拥有银行、证券、保险、基金、支付等

多个板块，几乎覆盖零售金融领域的所有场景。垄断性平台机构占据了市场主导地位，交易规模巨大，跨界混业经营，市场覆盖面广，关系到海量用户的切身利益，已经成为影响极大的金融机构。接受服务的群体主要是长尾客户，是传统金融机构覆盖不到的人群，有较强的从众心理，通常缺乏基础的投资知识和基本的风险判断能力，容易出现群体非理性行为，风险识别能力不高，损失承受能力有限，潜在的社会危害更严重。一旦垄断性平台金融机构经营不力出现风险暴露，甚至出现倒闭风险，可能引发严重的风险传染，形成系统性金融风险。因此，需要更加关注大型平台机构风险的复杂性和外溢性，提前预防，精准拆弹，消除新的系统性风险隐患。

（二）以科技之名行金融之实：逃避监管的风险

金融的发展离不开科技创新。大数据、区块链、人工智能和云计算拓宽了金融业务的渠道，但没有改变金融行业的本质、基本的业务模式和风险特征。金融业的本质依旧是资源的配置和信用的转换；基本的业务模式依旧是存款、贷款、支付、证券承销、保险等；风险特征依旧是高杠杆和期限错配。当前，所谓最具"创新"色彩的大型平台金融机构，所开展的业务仍然是支付、吸收存款、发放贷款、货币市场基金、代销金融产品、保险业务等，所不同的是扩展成了综合金融服务平台，混业程度更高，引发系统性金融风险的可能性更大。

持牌经营是金融行业必须坚持的基本原则。不论是金融科技还是科技金融，都没有改变金融的风险属性，不能赚金融的钱、拿科技的估值。部分平台机构作为金融业的新进入者，想从事金融业务但不想受监管部门的监管，不想承受资本充足率、各项风险准备和拨备等监管措施的约束。当前，平台机构的业务已经渗透到资金转账、有价证券和保险等行业，但人民银行、银保监会、证监会等监管部门并未对其实施严格监管，监管的缺位将增加交易衍生的风险、弱化政府的监管职能，容易使平台机构在运营过程中钻监管规则的空子。如果大型科技公司开展金融业务，却仅仅将自身定位为科技公司，就会逃避监管，造成金融风险隐患。尤其是借助网络平台的优势，轻松突破地域和业务范围限制，甚至改变一些金融产品和服务的结构、功能和性质，增加了金融产品的复杂性，延长了资金链条，为监管套利提供了可能。同时，投资者和监管部门难以准确了解其风险状况，增加了防范金融风险的难度。

（三）诱导过度负债消费导致的高杠杆和违约风险

近年来，各种平台机构对我国普惠金融的发展作出了一定的贡献，但同时也要注意到部分平台机构打着"普惠金融"的幌子，对借贷对象诱导过度、无视风险的问题。普惠金融具有高度的涉众性，这本身就会增加社会性风险。真正的普惠金融不能诱导消费，不能掠夺性放贷，更不应由"普惠"变"普贵"。垄断性平台机构使消费者的选择集中在同一平台，这本身就是对消费者选择权的一种剥夺。部分平台机构在监管相对不足、只注重眼前利益的情况下，将大量消费贷款投放给偏好超前消费、实际收入低、还款能力弱的群体，导致过度负债消费，积聚了金融风险。部分机构甚至给缺乏还款能力的学生过度放贷，借贷的年利息高达18%。一旦违约又采取强制性催收措施，金融风险引发了社会问题。"先消费、后还款"的所谓"信用付"模式实质上是虚拟信用卡业务，但其并无开展信用卡业务的资质，仅仅持有网络小贷的牌照，存在监管套利和监管空白。

一方面，平台金融机构过度使用杠杆蕴藏了系统性金融风险。同时，平台金融机构靠着表内外加杠杆和联合贷款模式，迅速做大业务规模。部分平台金融企业"绑架"了金融体系，成为系统性金融风险的源头。大型互联网科技巨头，在获得了海量客户和海量数据后，都在开展同一项业务，即资金放贷，也可称其为场景金融。只凭一根网线就可以在全国跨区域开展业务，全社会被迫进入一个高杠杆、高负债的时代。各式各样的资金放贷背后是债务，是杠杆，是风险。2020年疫情期间，商品交易下降、经济活动衰退、失业率增加，老百姓收入减少，这些背景下的高杠杆可能引发现金流的枯竭和杠杆的断裂。

另一方面，部分平台机构利用大数据技术，涉及对公众资金的隐蔽性聚合和不透明管理，一旦触发风险，处置难度会大幅增加。在技术快速迭代的背景下，部分平台机构过于强调技术，甚至利用假技术、伪技术以假乱真，缺乏对金融规律的尊重和敬畏。大型平台金融机构在信贷流程中运用大数据技术，对于推进普惠金融、改进风险模型等方面发挥了积极作用。但这些信贷评审模型大多没有经过完整经济周期和压力情景检验，有效性和可靠性尚不清楚。大型平台金融机构依据大数据法则，其风控的基本逻辑是小额分散，但大数据风控能力不宜过分高估。一旦发生极端事件，没有预料到的风险会集中暴露出来。尤其是在市场过度竞争的情况下，可能导致平台机构放松信贷标准，增大整个行业的信用风险。同时，趋同的算法和交易策略会产生"羊群效应"和市场共振，放大了金融市场的波动。平台金融机构正在做的事情有可能影响到整个金融生态甚至金融稳定，但对其的监管却是混乱的，有的仅仅是门槛非常低的地方监管规则，监管标准参差不齐，监管质量疲弱不堪，风险隐患极大。

（四）数据泄露的风险

平台机构通过科技手段形成庞大的金融网链，汇聚了大量消费者数据，掌握着客户账户、支付、存取款等信息。通过对数据的分析，能够对每个个体进行精准画像。将数据汇聚起来，可以对整个社会偏好、社会安全进行分析。当前的智能化数据为平台金融机构的相关业务提供了便利条件，但风险也伴随而来。一旦发生数据泄露，消费者利益会受到极大威胁。同时，在具体的平台操作上，需要专业技术人员的操控，这就产生了大量的不确定因素，稍有不慎就会出现漏洞，为不法分子窃取个人信息、隐私秘密等提供了机会，造成的损失难以挽回。尤其是在垄断性平台机构出现之后，单个平台机构就掌握着海量的数据，数据泄露带来的风险不可估量，对这些数据的使用、存储和交易更是一个艰巨的任务。平台机构对数据的垄断使数据过于集中，会带来社会治理、社会安全等各方面问题。数据垄断不是单纯的经济问题，已经成为涉及隐私保护、安全等领域的社会问题。从数据的合法性来看，还存在"合成谬误"的问题，即单个数据的授权不意味着总体上的合法。部分平台机构过度收集用户数据，可能侵犯用户隐私。近些年来，我国也出现了买卖借款人个人信息的情况。此外，一些地方政府积极寻求和平台巨头合作的机会。通过智慧城市、健康码、消费券等，政府同平台巨头绑定得越来越紧密，但保护数据的措施几乎空白。以盈利为目的的平台机构掌握着大量的个人隐私数据，对国家信息安全构成挑战，数据垄断的安全性同样影响金融稳定。

（五）资金账户管理的风险

个别平台垄断机构下属的第三方支付机构实质是一个中介机构，

该平台试图解决买卖双方信息不对称的问题。在资金流转的过程中，一方面，平台机构持有规模庞大的沉淀资金，少则几亿元，多则几百亿元，这将产生丰厚的利息，平台机构能够利用沉淀资金及利息从事其他的营利活动。但是，该过程伴随着较大的风险隐患。一旦获利失败，平台机构无法履行约定，就会面临资金流转风险和信用风险，其背后就是金融危机。另一方面，部分平台金融机构大多数业务量都在平台内部封闭循环，无需通过银联和网联转接，监管部门无法监测到这部分资金的流转路径，第三方支付的安全和信用缺乏有力保障，其中存在的风险隐患是巨大的。银行通过第三方平台销售个人存款产品时，垄断性平台机构甚至限制用户通过银行渠道管理账户，只能在该平台上操作。这种违法违规代办储蓄的行为增加了资金账户管理的风险。

（六）垄断和不公平竞争遏制创新的风险

具有支配地位的互联网企业在初期也是从市场竞争中成长起来的，做强做大之后就走向市场对立面，开始遏制市场竞争，同业创新也变得十分困难。企业做强做大不是问题，但如果以大欺小、滥用市场支配地位，限制竞争和创新，损害消费者利益，就背离了市场经济的初衷，影响行业的发展。一方面，不发展是最大的风险。大型科技公司利用其市场主导地位更容易获得数据、信息和客户资源，这就会让其在进入金融行业时获得更大的竞争优势。凭借这种优势，再辅之以"烧钱"、直接补贴、交叉补贴等手段，实现迅速占领市场、挤垮或者兼并竞争对手的目的，造成"赢者通吃"的局面，导致市场不公平竞争，甚至使维护市场公平竞争的传统措施无法发挥作用。当大量的金融资源聚集在一个或少数几个科技公司的手中时，其个体经营风险就容易演变成系统性金融风险。另一方面，具有超级垄断能力的平台机构增加了创新创业的风险。垄断性平台机构利用其平台基础服务能力和知识产权的先发优势，能够对其他创新者形成巨大压制，存在广泛的"寒蝉效应"[1]。

五、推动平台经济健康持续发展

大型科技公司涉足金融领域，对现有金融监管体系形成严峻挑战。下一步，我国的金融管理部门需要加快构建对大型科技公司从事金融业务的监管框架，依法依规监管金融市场主体，严格查处违法违规行为，有效约束资本无序扩张，维护公平竞争和金融市场秩序，防范系统性金融风险的发生。

（一）完善平台机构从事金融业务的监管制度体系

积极引导科技公司依法合规从事金融业务，金融监管就要从"包容审慎"向"科学有效"转变，更加注重规范业务发展、防范化解金融风险，遵循金融监管的一般规律。一要明确科技公司进入金融行业应遵循的基本原则。任何机构从事金融业务都要以服务实体经济和提高资源配置效率为目标，以金融稳定安全为前提，立足金融消费者保护，促进市场公平竞争。二要做好市场准入管理。坚持金融持牌经营的原则，绝不能把从事金融业务的平台机构仅仅定位为科技公司。科技公司进入金融领域就属于金融中介，其本质与银行是没有差别的。

---

[1] 绝大多数的初创企业前景黯淡，由此减少了新进入者的预期收益和动力。

科技公司仅仅是以新的信息形态和新的数据处理方式进行金融中介活动。三要全面推行功能监管。不论何种机构，只要从事相同的金融业务，就要接受同样的监管，有同样的资本金和资本充足率要求，以保证竞争的公平性，防止监管套利。对于尚看不清楚的金融创新业务，采取"监管沙盒"的方法限定其范围；对于看得清楚的金融创新业务，要消除监管差异，让同等性质的金融业务接受同样的监管规则。四要构建宏观审慎监管体系。科技公司进入金融领域，需要明确其金融企业属性，将其纳入金融控股公司监管框架。如果涉足类似银行的存贷款业务，就必须用巴塞尔协议的标准对其进行严格监管，要有准备金、资本金、充足率、流动性等监管要求。同时，金融科技公司应有一套专门的微观和宏观审慎监管指标体系，总体上和当前对系统重要性金融机构的监管标准一致，另外还需增加技术安全等方面的监管要求。五要构建数字化监管体系。通过发展大数据和人工智能分析等监管科技手段，提升数据信息处理能力和风险识别能力，有效防范金融风险跨机构、跨区域传染。

（二）防止平台机构进行数据垄断并获取超额利润

大型平台机构经常利用数据垄断优势，妨碍公平竞争，获取超额收益。一要明确平台机构所持有数据的法律属性和财产权利边界，实现数据要素公平合理优化配置。在注重保护消费者隐私的同时，推动数据开放，兼顾数据共享。二要成立一个权威的数据管理机构对各平台的数据进行统一收集和管理，在国家层面建立针对垄断性平台机构数据安全的特别监管制度。搭建金融体系的基础设施架构，就要保证自身是独立第三方，对数据的利用进行统一规划，不应该直接操作信贷、保险等具体业务，至少不能利用其对数据的垄断优势从事金融业务，也不能仅由个别垄断性平台机构进行分析使用。三要建立数据"防火墙"。对不同业务形成的数据，不能混用和共用，以免带来潜在风险。

（三）处理好金融创新和金融监管之间的关系

平台金融机构的发展历史，本身就是一部同监管博弈共生的历史。过去很多年，为了促进所谓的"金融创新"，反垄断始终未曾"亮剑"。我国对互联网科技领域采取柔性监管政策，大型平台金融机构的崛起得益于包容监管下大量的灰色土壤。鼓励金融创新和加强金融监管两项目标究竟如何平衡，监管部门在具体政策层面需要继续探索。但至少有以下几点是明确的，首先，加强金融监管，强化金融领域反垄断，是为了弥补金融市场失灵和缺陷，促进金融业稳健运行和公平竞争。如果没有金融监管，金融创新难以持续；无视金融监管，就会不尊重金融规律，不敬畏金融市场，金融创新也走不远。其次，巴塞尔协议不是要不要的问题，而是如何在金融创新中贯彻执行的问题。巴塞尔协议中的资本充足率，是银行业最核心的监管指标。早期的小额贷款公司被严格限制从其他金融机构融资，因此金融外溢性不强，也可以不受资本充足率的约束。但当前的平台金融机构通过资产证券化等手段，资产规模急剧膨胀，需要资本充足率的监管。不满足要求的需要补充资本金。最后，"监管沙盒"制度为监管部门和平台金融机构之间提供了一个沟通的桥梁。只有经过一次次的测试，监管部门才能对金融创新可能带来的风险有更全面的了解，也才能出台有效的监管方案。

（四）妥善应对"赢者通吃"降低系统性金融风险

只有通过公平竞争下的优胜劣汰，才能让整个社会经济收益最大化，当前平台金融领域出现的"赢者通吃"局面会妨碍通过竞争促进金融科技发展的过程，需要对市场竞争秩序进行规范和管理。在平台金融机构反垄断范式由"包容审慎监管"转向"全面强化监管"的背景下，不允许大型平台机构排除或限制竞争，要进一步促进市场的开放性、公平性和包容性。金融业是直接经营"钱"的行业，通过补贴、倾销抢占市场的风险非常大，扭曲的竞争所形成的损失金额规模庞大，所以要对平台金融机构通过交叉补贴、"烧钱"抢占市场的做法加以严格限制。尤其要从源头上控制有可能成为系统重要性金融机构的平台机构过度承担风险，要有更高的资本充足率和杠杆率要求。

（高恒惟　中央党校（国家行政学院）经济学部副教授）

第十章
解决好大城市住房突出问题

住房问题关系民生福祉。中央经济工作会议将"解决好大城市住房突出问题"作为2021年经济工作的重点任务之一。我国大城市住房存在供给量偏少、房价偏高、租赁市场结构不合理等问题，造成新市民、青年人等群体的住房困难问题比较突出。实现"住有所居""住优所居"有利于满足人民群众对美好生活的需要、有利于扩大消费、有利于推进新型城镇化建设。要坚持房子是用来住的、不是用来炒的定位，因地制宜、多策并举，促进房地产市场平稳健康发展。要强化房地产民生属性，重视租赁住房发展。

2020 年中央经济工作会议提出："解决好大城市住房突出问题。住房问题关系民生福祉。要坚持房子是用来住的、不是用来炒的定位，因地制宜、多策并举，促进房地产市场平稳健康发展。"这一要求把住房保障特别是大城市的住房保障问题提高到新的高度来认识，也为解决好大城市住房突出问题指明了根本原则。2021 年的《政府工作报告》中进一步明确了解决大城市住房突出问题的具体工作部署："通过增加土地供应、安排专项资金、集中建设等办法，切实增加保障性租赁住房和共有产权住房供给，规范发展长租房市场，降低租赁住房税费负担，尽最大努力帮助新市民、青年人等缓解住房困难。"2021 年是"十四五"的开局之年，中央和地方将以更有效的政策举措解决好大城市住房突出问题。

一、解决好大城市住房突出问题的重要意义

根据国务院发布的城市规模划分标准，以城区常住人口为统计口径，城区常住人口 100 万以上 500 万以下的为大城市；城区常住人口 500 万以上 1000 万以下的为特大城市；城区常住人口 1000 万以上的为超大城市。

大城市住房难是世界性的难题。从全球范围看，由于聚集人口多、土地供应量有限、房地产的投资和投机行为活跃等多种因素的

影响，大城市普遍存在住房数量不足、房价和租金高、上下班通勤时间长等问题。20 世纪 90 年代开始的住房制度改革开启了我国房地产市场商品化的进程，大城市的住房供应数量和质量有了很大的提高，大城市居民的人均居住面积有了较大的提升。但是，随着我国城镇化的推进，大量人口迁入城市，新市民的刚性住房需求同原有市民的住房改善需求叠加在一起，城市住房土地供应跟不上人口增长的速度，导致大城市中住房供不应求，价格快速上涨。快速上涨的住房价格又引发了投资甚至是投机住房需求，炒房现象进一步推高了大城市的房价，使得大城市住房问题更加突出。解决好大城市住房突出问题是一项关系人民福祉和经济社会长期健康稳定发展的重要战略问题。

（一）解决好大城市住房突出问题有利于增加人民福祉，满足人民对美好生活的需要

中国人自古以来就把安居乐业作为对幸福生活的追求之一。家在中国人心中是有居住的房子，"家"字的字形字义充分地说明了这一点。唐代大诗人杜甫在《茅屋为秋风所破歌》中写道："安得广厦千万间，大庇天下寒士俱欢颜"，将天下寒士的欢乐幸福同住房联系在一起。今天，对城市居民而言，"住有所居"是基本的生活需要，人们希望能够以相对低廉的价格获得稳定的生活居所；而改善型的"住优所居"则是对美好生活更高层次的需要，人们希望在城市中能住得更宽敞，居住环境更优美，餐饮、购物、娱乐等生活配套更完善，学校、医院等公共服务更优质。

（二）解决好大城市住房突出问题有利于扩大消费，形成以国内大循环为主体、国际国内双循环相互促进的新发展格局

"加快形成以国内大循环为主体、国内国际双循环相互促进的新发展格局"，这是以习近平同志为核心的党中央针对我国发展阶段、环境、条件变化提出来的战略思想，是事关中国经济中长期发展的重大战略部署。过去，传统的"大进大出、两头在外"的发展格局以国际市场的流通和消费作为国内生产的依托和支撑。无论是世界经济增长长期低迷的国际经济形势，还是我国经济迈向高质量发展的客观实际，都要求国民经济循环转向以国内大循环为主体，让生产、分配、流通、消费更多依托国内市场。其中，消费的意义不言而喻。2020年尽管受到新冠肺炎疫情的冲击，但最终消费支出占 GDP 的比重仍然达到 54.3%。消费已经成为我国经济增长的主要引擎，要立足我国超大规模市场优势，扩大消费需求，形成需求牵引供给、供给创造需求的国民经济循环体系。

经济学家的研究发现，高房价会导致人们为了买房而节衣缩食，对于非住房消费有着明显的"挤出效应"。高房价降低了家庭的可支配收入和消费基金。同时，为买房而产生的住房贷款进一步降低了居民的消费能力。根据中国人民银行的统计数据，2020 年中国住户贷款增加 7.87 万亿元。其中，以住房按揭为主的中长期贷款增加了 5.95 万亿元，占到了全部居民贷款的 65%。2020 年居民部门杠杆率从 2019 年末的 56.1% 增长至 62.2%，上升了 6.1%。住房贷款与 GDP 之比从 2010 年的 15.9% 增长至 2020 年的 40.1%。[1] 因此，稳定大城

---

① 《需进一步关注房价对消费增长的影响》，《21 世纪经济报道》2021 年 2 月 25 日。

市的住房价格对于降低居民债务负担、扩大可支配收入意义重大。同时，降低住房消费支出在居民消费总支出中的比重，有利于居民消费结构的优化和升级。消费结构的升级主要表现为食品类、衣着类消费支出的比重下降、服务性消费（交通和通信、医疗保健、教育与文化支出）比重上升。从近年来的统计数据看，居民消费结构的升级有放缓的趋势，主要原因是住房消费对其他消费的"挤出效应"导致低端消费需求刚性和高端消费需求增长乏力。通过稳定房价，解决好大城市住房问题，就能够为中国经济创造出更多的消费热点，带动更多的服务类消费发展。

（三）解决好大城市住房突出问题有利于推进以人为核心的新型城镇化，促进产业和人口在大城市的高效聚集

党的十九届五中全会提出："完善新型城镇化战略，构建高质量发展的国土空间布局和支撑体系。"大城市在创新资源汇集、产业集群发展和创新人才聚集等方面相对于中小城市有明显优势。同时，大城市人口规模大，社会分工细密，能够提供更多的就业岗位，对不同能力、素质的人才都有吸引力。但是，近年来随着大城市房价的快速上涨，居住成本上升很快，居住条件不佳，导致大城市对人才的吸引力有所降低。快速上涨的房价迫使大量没有住房的城市居民或者背负购房贷款，或者搬迁到城市的郊区租房。高房价造成大城市的生活成本居高不下，虽然在大城市的就业机会和创业平台更有吸引力，还是有不少年轻人选择离开大城市，去中小城市发展。另一方面，大城市相互之间的人才竞争，能否解决好住房问题也是重要影响因素。在我国人口老龄化程度加深，家庭少子化倾向日益明显的今天，每年城镇新增劳动力数量的增幅降低。未来，一个城市的发展潜力，很大程度上取决于它对于人才特别是创新型人才的吸引力。近几年，全国各地的大城市纷纷出台政策吸引人才落户就是例证。在引进人才的优惠政策中，除了对创新创业的支持政策外，最被人才看重的就是住房优惠政策。可以说，未来哪个大城市的住房问题解决得好，就能吸引到更优质的人才资源，为城市的高质量发展奠定坚实的基础。

二、大城市住房存在的突出问题

从 1994 年住房体制改革开始，我国的城镇住房制度不断健全，从计划经济体制的福利分配方式转向市场经济体制的市场化配置方式，保障性住房和货币化商品房都得到了很大的发展，房地产成为拉动我国经济增长的重要产业，土地出让收益也成为地方财政的重要来源，城市居民的居住条件有了明显的改善。但是，大城市的住房问题尚未得到完全解决，还存在发展不平衡、不充分的诸多问题，有些问题还很突出。

（一）房价上涨较快，居民购房负担重

大城市人口快速增长带来的新增住房需求和改善型需求持续增加，但新建商品住房供应不足。需求和供给的缺口较大，供不应求的市场结构推动房价快速上涨。以深圳市为例，2015—2019 年，深圳常住人口年均增长 50 万以上，按每户平均 2.5 人计算，年均新增住房需求为 20 万套，而深圳每年新增的商品住房仅有 5 万套，商品房市场供需失衡严重。深圳市可用的建设用地资源有限，从设立特区开始的土地长期高强度开发，新增建设用地有限。深圳新建商品房销

售面积早在 2005 年就达到峰值，此后不断下降，2018 年新建商品房销售面积仅为 2005 年峰值的 30%。供需失衡推动深圳房价的快速上涨，2010 年深圳商品房每平方米 17313 元，但是到了 2020 年每平方米达到 75249 元，涨幅高达 324.6%。

房价收入比是判断一个城市或者国家房价高低的主要统计指标。房价收入比通常用住房价格中位数与家庭年收入中位数的比值来计算。从全世界各个国家的统计数据看，不同国家的房价收入比差距很大，普遍规律是低收入国家的住房收入比高，因为收入低买不起房子；高收入国家的住房收入比低，说明随着收入的提高购买能力增强。美国国际公共政策顾问机构 Demographia 的《2019 年全球住房可负担性调查报告》中，对全球城市住房的可负担性做了划分：房价收入比小于 3 的为可负担的房价；3—4 为中度不可负担；4—5 为严重不可负担，超过 5 的为极度不可负担。根据上海易居房地产研究院发布《2019 年上半年全国 50 城市房价收入比研究报告》，我国城市房价收入比最高的是深圳 36.1，北京 24.9，上海 24.6，天津 13.8，石家庄 16.5，太原 12.9，重庆 10.2，武汉 11.4。由此可见，根据房价收入比，我国东西南北中各地区域的大城市中都存在房价高，购房负担重的问题。

（二）租房市场不规范，居民租房权益不能得到有效保障

我国的住房租赁市场形成较晚，市场还不规范，一直处于城市住房供应体系边缘地带。据统计，当前我国住房租赁人数已超 2 亿人，农民工和刚刚参加工作的大学生是租赁市场的主力军。租房市场的供给来源主要有个人租房供给、政府主导的保障性租房供给和机构提供的租房供给。其中，个人租房供给在住房租赁市场上占比高达

89.5%，是市场房屋供给的最大来源。政府和机构供给比重低，导致了租房市场组织性偏差，治理水平较低。

由居民个人提供租房房源的市场交易中，租赁双方为降低交易成本而对租赁合同不登记备案的情况比较普遍。由于缺少租赁合同的登记备案，政府很难得到租房市场的准确交易信息，对市场的有效监管和调控也就难以实施。

2020 年是全国各地长租公寓不断"暴雷"的一年。部分长租公寓企业抓住大城市租房市场房源不足，信息不透明的问题，以租金优惠等条件诱导租客一次性缴纳一年及以上的房租，对支付能力不足的租客通过提供租金贷等方式加大金融杠杆。这些长租公寓为了多吸纳房源，扩大市场占有率，采用了高价从个人那里获取房源再低价出租等价格倒挂经营模式。一旦资金链断裂，就卷款跑路。最终导致房东和租客双方的租赁合同无法履行，合法权益都受到侵害。

住房租赁市场不规范还表现在存在不少"黑中介"、二房东，通过住房租赁的"霸王条款"随意涨价、提前收回住房，租赁期满后不退还押金等现象。这些不规范的租赁行为都对承租人的正常生活造成了困扰，让他们无法享受到应有的受法律保护的基本租住权利。

（三）保障性住房总量不足，不能满足低收入群体的需要

由于支付能力有限，低收入群体的住房问题无法通过商品房市场得到解决，必须安排保障性住房制度给予支持。1998 年启动的住房制度改革是在城市住房短缺的背景下开展的，偏重于商品性住房建设，对保障性住房尤其是保障性租赁住房的配套制度重视程度不够。党的十八大以来，中央高度重视城镇保障性住房的建设，将其作为社会民生事业的重要组成部分，通过城市棚户区改造等工程的推进有效解决了一部分保障性住房需求。但是，大城市的保障性租赁住房总量还是严重不足，不能满足城市低收入家庭和无房新市民的需要。保障性租赁住房包括公租房和政策性租赁住房。公租房主要面向城镇低收入家庭，政策性租赁住房主要面向无房新市民。以北京市为例，据调查，房屋租赁市场供给以 60—90 平方米、租金 3000 元以上的二居室房源为主，新市民、年轻人特别是从事基本公共服务人员的群体收入偏低，难以在市场上找到相应的住房，保障性租赁住房供应不足。

一方面，受到地方"土地财政"的制约，地方政府对保障性住房供地积极性不高，地方财政划拨保障性住房用地的增加就意味着地方财政收入的减少，扩大划拨和限价土地的数量收到地方政府财力的制约。另一方面，地方政府在完成保障性住房用地划拨时，不愿意选择在城市核心地段，而更多选择在远离市中心的远郊，因为那里的土地价格相对较低。而远郊区域在就业岗位、交通条件、教育资源和医疗资源等方面可能存在短板，导致低收入群体宁可租赁非保障性住房，造成保障性住房在结构上的短缺。

三、供需两侧协同发力，破解大城市住房突出问题

大城市住房的突出问题究其根源是在城镇化加速的过程中，住房供给跟不上需求增长的速度，导致供不应求，推高房价。同时，由于大城市房价较长时期保持快速增长，刺激了居民的投资和投机需求。因此，大城市住房问题既有供给侧的供给不足问题也有需求侧的需求结构不合理问题。要解决大城市的住房突出问题，必须坚持"房子是用来住的、不是用来炒的"定位，通过限价限购限贷等政策引导购房

需求，挤出投机泡沫；必须通过增加土地供应等措施增加大城市住房特别是租房市场的供给侧管理，逐步解决住房保障问题。

（一）"房住不炒"，稳定大城市房价升值预期

2021 年政府工作报告再次重申，坚持"房子是用来住的、不是用来炒"的定位。对房价上涨预期的管理同住房市场需求侧的管理相互影响，如果能够把住房市场的投资、投机需求压制住，大城市住房即使供应总量相对于需求总量存在缺口，也可以通过住房供给逐步给予解决。但是，如果市场对房价快速上涨预期明显，就会在居住需求外增加投资和投机需求，进一步扩大供给不能满足需求的缺口，让大城市的房价"热上加热"。

坚持"房住不炒"，要通过限购政策把居住需求和投资需求区分开来。在大城市房价快速上涨的背景下，各地纷纷出台了限购政策。越是房价增幅大的城市，限购政策越严格。通过户籍限制和购买套数限制，有效地将一部分投资和投机需求驱离了市场，在短期内减少了有效需求。由于需求的减少，在供给数量不变的条件下，有利于遏制房价的快速增长。比如，北京市规定对于已经拥有 2 套及以上住房的本市户籍居民家庭，拥有 1 套及以上住房的非本市户籍居民家庭、无法提供本市有效暂住证和连续 5 年（含）以上在本市缴纳社会保险或个人所得税缴纳证明的非本市户籍居民家庭暂停在北京向其售房。

坚持"房住不炒"，要通过限贷、禁止经营贷流入房地产等措施降低投资和投机需求的融资能力。目前，大城市的房价已经在高位运行，房价收入比在全世界范围看也是很高的，降低金融杠杆的支持就能有效减少投资和投机需求的支付能力。目前，各地出台积极措施，堵住融资炒房的政策漏洞。比如，银保监会等部门发布通知，要求银

行业金融机构从贷前、贷中、贷后管理等环节着手，防止经营用途贷款违规流入房地产领域。北京市银保监局辖内银行对2020年下半年以来发放的个人经营性贷款等业务合规性开展了自查，发现涉嫌违规流入北京房地产市场的个人经营性贷款金额约3.4亿元，对这部分违规资金予以追回。深圳市在2020年开展了经营贷专项整治，排查约1771亿元经营贷，有21笔贷款被收回，涉及5180万元违规贷款，处罚问责14人次。

坚持"房住不炒"，要通过设置二手房限售时间等政策，稳妥推进房产税立法工作，提高购买商品房的投资成本和持有成本，让炒房行为变得无利可图。如果收益远远大于成本，炒房的需求就很难被遏制。要解决这一问题，就必须从提高炒房成本下手，短期来看，通过设置新购商品房2—5年内不得上市交易，可以提高持有成本。长期来看，还是要通过征收房产税，特别是对拥有多套住房和大面积住房的家庭征收房产税来提高住房的持有成本，减少投资和投机的冲动。

（二）增加总量、调整结构，完善大城市住房供给体系

在大城市住房供不应求的市场结构下，需求侧的管理很重要，但供给侧的管理则是关键。必须通过供给侧的总量和结构管理真正解决大城市住房的突出问题。在新发展阶段，人民群众对美好生活的向往一定包含了对住房条件、住房质量的更高要求。"十四五"期间，大城市在产业和人口更加高效聚集的要求下，不断提高的住房需求必须通过更加充分、结构更加合理的供给来满足。

首先，要通过"人地适配"调整房地产土地供应。大城市的住房供应总量不足，主要瓶颈在于土地供应。土地供应不足一方面是因为大城市的土地稀缺，供应的绝对量不足；另一方面是由于土地市场供

给存在与人口情况错配的现象。"人地适配"需要解决好三个方面的配置问题：一是城市和乡村之间的人地适配。在城镇化快速推进的过程中，大量人口从乡村转移到城市，大城市建设用地的增长幅度应该与人口增长的速度相协调。二是不同地区之间的人地适配。经济发达地区、活跃的都市圈是人口迁移的热点地区，建设用地要有所倾斜，在原有核心城区土地供给潜力有限的情况下，要通过地铁、轻轨、高铁、城市快轨等交通运输条件的改善，扩大城市的空间布局，通过都市圈的建设为大城市的建设用地创造条件。比如，在粤港澳大湾区，通过广州连通佛山的广佛地铁建设将相邻的大城市连接起来，扩大了建设用地的供给范围。三是在大城市内部的住宅用地、工业用地和商业用地的平衡。既要健全用地标准，严格用地约束，又要优化用地布局，盘活存量空间。

其次，要通过"租售并举"调整房地产住房供应。在 1998 年住房制度改革之前，城市居民绝大部分通过福利房、公租房解决住房问题。随着住房制度改革的推进，房地产行业获得大发展，越来越多的城市居民通过购买住房解决安居乐业的需求。在中国的传统文化中，"居者有其屋"是老百姓的梦想与追求，哪怕是节衣缩食也希望能够拥有属于自己的住房。但是，从全世界解决大城市住房问题的经验看，大城市的土地供应跟不上人口增长的速度和改善住房的需求是普遍现象，完全通过购买商品房解决住房问题就需要有比较高的购买能力。所以，"租售并举"的房地产住房供应体系，是解决大城市住房突出问题的关键之举。对于一部分购买能力强，支付压力不大的群体，可以购买商品房；对于一部分收入低，或者暂时购买能力不足的群体，可以通过租赁住房解决问题。

四、解决大城市住房突出问题的具体举措

2021 年是"十四五"的开局之年，政府工作报告中提出要通过增加土地供应、安排专项资金、集中建设等办法，尽最大努力帮助新市民、青年人等解决住房困难。

（一）切实增加保障性租赁住房

保障性租赁住房是大城市住房保障体系的重要组成部分。从现实需求看，新就业大学生、非户籍常住人口、农民工等新市民群体，短期或长期存在住房支付能力不足的问题，有必要通过保障性租赁住房解决住房困难。首先，各地要高度重视保障性租赁住房体系的建设，在土地供应、建设资金、后期维护费用和准入法规建设等方面给予特殊支持，让保障性租赁住房在大城市住房体系中的比重尽快扩大。其次，要严格申请人的资质、工作年限、户口所在区域等条件进行限制，让保障性租赁住房真正覆盖到低收入的青年人和新市民群体，保证制度设计的公平性。要考虑承租人未来收入提高，支付能力增强后退出保障性租赁住房的激励措施，让租赁住房流动起来，真正保障到有需要的人群。再次，要统筹考虑土地供应能力和公共服务、基础设施建设条件，不能让保障性租赁住房都集中到交通不便、公共设施不健全、公共服务差的远郊地区。租住保障性租赁住房的年轻人和新市民是大城市产业发展和城市建设的生力军，他们应该得到大城市的"善待"，这有利于大城市保持对年轻群体的吸引力，也是大城市的勃勃生机所在。

（二）切实增加共有产权住房供给

2017 年北京市和上海市开展共有产权住房试点，两地根据本地实际情况，在共有产权住房建设模式、产权划分、使用管理、产权转让等方面进行大胆探索。随后，不少城市陆续开展了共有产权住房的探索。目前，共有产权住房已经成为大城市住房体系的重要组成部分。

共有产权住房是指买房人与政府或企业共同拥有房屋产权。买房人与政府共有，更多体现为保障性住房，地方政府让渡部分土地出让收益，然后以较低的价格配售给符合条件的保障对象家庭；配售时，保障对象与地方政府签订合同，约定双方的产权份额以及保障房将来上市交易的条件和所得价款的分配份额。买房人与企业共有，更多体现为普通商品房，以买房人满足自行解决基本住房条件为前提。共有产权住房降低了青年人和新市民的购房门槛，可以用相对较低的价格购买到住房，同时也能通过事先的约定分享住房价格上涨后的溢价收益。共有产权住房的优点有三个方面：一是更加符合中国人"居者有其屋"的文化传统，购房者的心理满足感更高；二是可以解决收入不太高也不太低的"夹心层"群体的住房需求。共有产权住房的购买条件相对于保障性租赁住房更加宽松，更多的中低收入群体可以享受到住房福利；三是共有产权住房为保障性租赁住房的退出提供了可行的激励机制，有利于大城市不同层次的住房供给方式的衔接。

（三）规范发展长租房市场，降低租赁市场税费负担

长租房是可以长期租赁的住房，租赁关系相对稳定，租金相对固定。发展长租房，对于规范住房租赁市场秩序、完善租赁市场监

管、增加租赁住房供给和提高租赁服务品质都有十分积极的作用。一是要出台《住房租赁条例》，明确禁止高价收房低价出租的不规范长租房经营行为，保障承租人和业主的合法权利；二是降低租赁市场税费负担，把大城市中沉淀下来的空置房尽快盘活，增加长租房的住房供给；三是培育规范的经营长租业务的企业，保障其合理回报，让市场主体去带动整个市场健康发展；四是加快研究制定长租房的建筑设计、消防验收、运营管理等行业标准。

总之，大城市住房问题关系到人民群众的切身利益，是民生福祉的重要内容。"十四五"时期，政府将下大力气，多措并举，加快发展，让大城市的居民真正能够安居乐业。

（李蕾　中央党校（国家行政学院）经济学部教授）

第十一章
做好碳达峰、碳中和工作

实现碳达峰、碳中和中长期目标，既是我国积极应对气候变化、推动构建人类命运共同体的责任担当，也是我国贯彻新发展理念、推动高质量发展的必然要求。"十四五"是碳达峰的关键期、窗口期，要把碳达峰、碳中和纳入生态文明建设整体布局，在长期碳中和愿景导向下，制定国家、部门和地方层面长期低碳发展战略，做到超前部署和行动。必须优化产业结构，加快形成绿色、低碳、循环的产业体系。推动能源结构转型与低碳技术创新，打造核心竞争力，实现可持续发展。

2020年中央经济工作会议强调，2021年的经济工作仍然要以供给侧结构性改革为主线，同时明确碳达峰、碳中和工作要加快调整优化产业结构、能源结构，推动煤炭消费尽早达峰，大力发展新能源。

一、党中央对碳达峰、碳中和目标的重要论述

2020年9月22日，习近平主席在第七十五届联合国大会一般性辩论上讲话时指出，应对气候变化《巴黎协定》代表了全球绿色低碳转型的大方向，是保护地球家园需要采取的最低限度行动，各国必须迈出决定性步伐。中国将提高国家自主贡献力度，采取更加有力的政策和措施，二氧化碳排放力争于2030年前达到峰值，努力争取2060年前实现碳中和。这是中国首次提出实现碳达峰与碳中和的目标，向全世界宣示了我国为全球气候保护作出更大贡献和致力于共建人类命运共同体的决心和意志，引起了国际社会的极大关注。

9月30日，习近平主席在联合国生物多样性峰会上发表讲话，再次强调，作为世界上最大发展中国家，我们也愿承担与中国发展水平相称的国际责任，为全球环境治理贡献力量。中国将秉持人类命运共同体理念，继续作出艰苦卓绝努力，提高国家自主贡献力度，采取更加有力的政策和措施，二氧化碳排放力争于2030年前达到峰值，努力争取2060年前实现碳中和，为实现应对气候变化《巴黎协定》

确定的目标作出更大努力和贡献。

实现碳达峰、碳中和是一场硬仗，也是对党治国理政能力的一场大考。2020 年 10 月 29 日，由中国共产党第十九届中央委员会第五次全体会议通过的《中共中央关于制定国民经济和社会发展第十四个五年规划和二〇三五年远景目标的建议》（以下简称《建议》）中提出，到 2035 年基本实现社会主义现代化，届时要广泛形成绿色生产生活方式，碳排放达峰后稳中有降，生态环境根本好转，美丽中国建设目标基本实现。《建议》还提出，要加快推动绿色低碳发展，降低碳排放强度，支持有条件的地方率先达到碳排放峰值，制定 2030 年前碳排放达峰行动方案。

11 月 12 日，习近平主席在第三届巴黎和平论坛致辞中指出，绿色经济是人类发展的潮流，也是促进复苏的关键。中欧都坚持绿色发展理念，致力于落实应对气候变化《巴黎协定》。对于中方提出的提高国家自主贡献力度，力争 2030 年前二氧化碳排放达到峰值，2060年前实现碳中和，中方将为此制定实施规划。

随后，习近平主席在 11 月 17 日的金砖国家领导人第十二次会晤和 11 月 22 日的二十国集团领导人利雅得峰会"守护地球"主题边会上讲话和致辞时都再次明确，中国将提高国家自主贡献力度，力争二氧化碳排放 2030 年前达到峰值，2060 年前实现碳中和。中国言出必行，说到做到，将坚定不移加以落实。

12 月 12 日，习近平主席在气候雄心峰会上发表题为《继往开来，开启全球应对气候变化新征程》的重要讲话时进一步宣布，到 2030年，中国单位国内生产总值二氧化碳排放将比 2005 年下降 65% 以上，非化石能源占一次能源消费比重将达到 25%，森林蓄积量将比 2005年增加 60 亿立方米，风电、太阳能发电总装机容量将达到 12 亿千瓦以上。

2020年12月16日至18日，中央经济工作会议召开，会议确定，2021年要做好碳达峰、碳中和工作。我国二氧化碳排放力争2030年前达到峰值，力争2060年前实现碳中和。要抓紧制定2030年前碳排放达峰行动方案，支持有条件的地方率先达峰。要加快调整优化产业结构、能源结构，推动煤炭消费尽早达峰，大力发展新能源，加快建设全国用能权、碳排放权交易市场，完善能源消费双控制度。要继续打好污染防治攻坚战，实现减污降碳协同效应。要开展大规模国土绿化行动，提升生态系统碳汇能力。

2021年，十三届全国人大四次会议通过的《政府工作报告》（以下简称《报告》）强调，要扎实做好碳达峰、碳中和各项工作，制定2030年前碳排放达峰行动方案，优化产业结构和能源结构，中国作为地球村的一员，将以实际行动为全球应对气候变化作出应有贡献。

2021年3月12日，《中华人民共和国国民经济和社会发展第十四个五年规划和2035年远景目标纲要》（以下简称《纲要》）公开发布，《纲要》提出了"十四五"时期单位国内生产总值能源消耗和二氧化碳排放分别降低13.5%和18%的目标，并指出要落实2030年应对气候变化国家自主贡献目标，制定2030年前碳排放达峰行动方案，努力争取2060年前实现碳中和，采取更加有力的政策和措施。

2021年3月15日，习近平总书记在中央财经委员会第九次会议上对碳达峰、碳中和工作做了进一步部署，他强调，实现碳达峰、碳中和是一场广泛而深刻的经济社会系统性变革，要把碳达峰、碳中和纳入生态文明建设整体布局，拿出抓铁有痕的劲头，如期实现2030年前碳达峰、2060年前碳中和的目标。我国力争2030年前实现碳达峰，2060年前实现碳中和，是党中央经过深思熟虑作出的重大战略决策，事关中华民族永续发展和构建人类命运共同体。"十四五"是碳达峰的关键期、窗口期，要重点做好构建清洁低碳安全高效的能源体系、实施重点行业领域减污降碳行动、完善绿色低碳政策和市场体系等工作。

综上所述，碳达峰、碳中和目标是党中央统筹国内国外两个大局作出的重大战略决策，对于我国推进生态文明建设和提升国际影响力、领导力均具有深远意义。

二、碳达峰、碳中和的内涵与重要意义

（一）碳达峰、碳中和的内涵

碳达峰是指某个地区或行业年度二氧化碳排放量达到历史最高值，然后经历平台期进入持续下降的过程，是二氧化碳排放量由增转降的历史拐点，标志着碳排放与经济发展实现脱钩，达峰目标包括达峰年份和峰值。碳中和是指人类活动造成的二氧化碳排放与全球人为二氧化碳吸收量在一定时期内达到平衡，也可以称为净零碳排放。碳达峰与碳中和紧密相连，前者是后者的基础和前提，达峰时间的早晚和峰值的高低直接影响碳中和实现的时长和实现的难度；而后者是对前者的紧约束，要求达峰行动方案必须要在实现碳中和的引领下制定[①]。据不完全统计，目前已有 30 个国家（地区）在国家发展战略中提出了碳中和愿景目标（见表 11-1）。

---

① 王金南：《加快实现碳排放达峰　推动经济高质量发展》，《经济日报》2021 年 1 月 4 日。

表 11-1　各国（地区）提出碳中和愿景目标的主要内容及实现路径

序号	国家（地区）	目标达成时间	承诺性质	主要内容
1	奥地利	2040 年	政策宣示	承诺在 2040 年实现气候中立，在 2030 年实现 100% 清洁电力，并以约束性碳排放目标为基础。
2	不丹	目前为负碳，在发展过程中实现碳中和	《巴黎协定》下自主减排方案	不丹人口不到 100 万，收入低，森林和水电资源丰富，实现碳中和比大多数国家容易。但是，发展经济和对汽车的需求导致排放压力不断增加。
3	美国加利福尼亚州	2045 年	行政命令	美国加利福尼亚州是世界第五大经济体。前州长杰里·布朗在 2018 年 9 月签署了碳中和令，同时通过了一项法律，要求在 2045 年前实现电力 100% 来自可再生能源。但是，其他行业的绿色环保政策还不够成熟。
4	加拿大	2050 年	政策宣示	总理特鲁多于 2019 年 10 月连任，其政纲是以气候行动为中心，在竞选中他承诺了净零排放目标，要求制定具有法律约束力的五年一次的碳预算。
5	智利	2050 年	政策宣示	2019 年 6 月，智利宣布努力实现碳中和。2020 年 4 月，智利政府向联合国提交了一份强化的中期承诺，重申其长期目标，在 2040 年前逐步淘汰煤电。
6	中国	2060 年	政策宣示	2020 年 9 月 22 日，习近平主席在联合国大会宣示，努力在 2060 年前实现碳中和，并采取"更有力的政策和措施"，在 2030 年前达到碳排放峰值。
7	哥斯达黎加	2050 年	提交联合国	2019 年 2 月，总统奎萨达制定了一揽子气候政策，12 月向联合国提交的计划确定了 2050 年净排放量为零的目标。

续表

序号	国家（地区）	目标达成时间	承诺性质	主要内容
8	丹麦	2050年	法律规定	2018年，制定了到2050年建立"气候中性社会"计划，该方案包括2030年起禁止销售新的汽油和柴油汽车，并支持电动汽车。
9	欧盟	2050年	提交联合国	2019年12月，欧盟发布《绿色新政》，提出努力实现2050年净零排放目标，长期战略于2020年3月提交联合国。
10	斐济	2050年	提交联合国	2018年，斐济向联合国提交了计划，目标是在所有经济部门实现净零排放。
11	芬兰	2035年	执政党联盟协议	2019年6月，五个执政党同意加强该国的气候法。预计这一目标将会限制工业伐木，并逐步停止燃烧泥炭发电。
12	法国	2050年	法律规定	法国国民议会于2019年6月27日将净零排放目标纳入法律。在2020年6月的报告中，新成立的气候高级委员会建议法国将减排速度提高三倍，以尽快实现碳中和目标。
13	德国	2050年	法律规定	《气候保护法》于2019年12月生效，计划在2050年前实现碳中和。
14	匈牙利	2050年	法律规定	2020年6月，匈牙利通过气候法，承诺到2050年实现气候中和。
15	冰岛	2040年	政策宣示	冰岛通过地热和水力发电获得了无碳的电力和供暖，2018年公布的战略重点是逐步淘汰运输业的化石燃料，植树并恢复湿地。
16	爱尔兰	2050年	执政党联盟协议	2020年6月，三个执政党达成联合协议，同意在法律上设定2050年的净零排放目标，未来十年每年减排7%。

续表

序号	国家（地区）	目标达成时间	承诺性质	主要内容
17	日本	2050 年	政策宣示	2020 年 10 月 26 日，首相菅义伟在向国会发表首次施政讲话时宣布，日本将在 2050 年实现温室气体净零排放，完全实现碳中和。
18	韩国	2050 年	政策宣示	2020 年 10 月 28 日，总统文在寅对国会表示，在 2050 年前实现碳中和，用可再生能源替代化石燃料，结束韩国对煤炭的依赖。这项计划预计将投资 8 万亿韩元（约合 474.7 亿人民币），用于建设环保基础设施，投资清洁能源和电动汽车。韩国结束对海外燃煤发电厂的投资，引入碳税，建造城市森林和循环利用系统，为新能源和可再生能源建立基础，创建低碳工业综合体。除了淘汰老旧的燃煤电厂，还承诺在 2060 年之前废除核电厂。
19	马绍尔群岛	2050 年	提交联合国的自主减排承诺	2018 年 9 月提交给联合国的报告提出，到 2050 年实现净零排放的愿望。
20	新西兰	2050 年	法律规定	农业是新西兰最大的排放源。2019 年 11 月通过的一项法律为除生物甲烷（主要来自绵羊和牛）以外的所有温室气体设定了净零目标，到 2050 年，生物甲烷将在 2017 年的基础上减少24%—47%。
21	挪威	2050 年	政策宣示	努力在 2030 年通过国际抵消实现碳中和,2050 年在国内实现碳中和。
22	葡萄牙	2050 年	政策宣示	2018 年 12 月，发布实现净零排放的路线图，概述了能源、运输、废弃物、农业和森林等方面的战略。
23	新加坡	21 世纪后半叶尽早实现	提交联合国	避免承诺明确的脱碳日期，到 2040 年，逐步淘汰内燃机车，电动汽车将取而代之。

续表

序号	国家（地区）	目标达成时间	承诺性质	主要内容
24	斯洛伐克	2050 年	提交联合国	斯洛伐克是第一批正式向联合国提交长期战略的欧盟成员国之一，目标是在 2050 年实现气候中和。
25	南非	2050 年	政策宣示	2020 年 9 月，公布低排放发展战略（LEDS），提出到 2050 年成为净零经济体的目标。
26	西班牙	2050 年	法律草案	2020 年 5 月，西班牙政府向议会提交了气候框架法案草案，设立委员会以监督推进情况，并立即停止批准新的煤炭、石油和天然气勘探许可证。
27	瑞典	2045 年	法律规定	2017 年，制定净零排放目标，根据《巴黎协定》，将碳中和的时间提前了五年。瑞典至少 85% 的减排要通过国内政策来实现，剩余部分由国际减排来完成。
28	瑞士	2050 年	政策宣示	2019 年 8 月 28 日，瑞士联邦委员会宣布在 2050 年前实现碳净零排放，深化了《巴黎协定》规定的减排 70%—85% 的目标。修订气候法规，鼓励开发新技术去除空气中的二氧化碳。
29	英国	2050 年	法律规定	2008 年，英国已经通过了减排框架法，因此设定净零排放目标很简单，只需将减排 80% 改为 100%。英国议会于 2019 年 6 月 27 日通过了修正案。苏格兰议会正在制定法案，在 2045 年实现净零排放。
30	乌拉圭	2030 年	《巴黎协定》下的自主减排承诺	乌拉圭在提交联合国的国家自主贡献中增加了减少肉牛养殖、废弃物和排放等政策，预计到 2030 年，该国将成为净碳汇国。

资料来源：刘长松：《碳中和的科学内涵、建设路径与政策措施》，《阅江学刊》2021 年第 13 期。

　　碳达峰和碳中和主要包含着两个层面的含义：一是减少碳排放量，通过采用清洁技术、能源替代等手段降低碳排放，从而向"达峰"目标靠近；二是通过生物措施和其他手段增加碳的捕获和存储。

　　减少碳的排放量包含以下重点：一是从排放强度的角度考虑，降低单位产值的能耗。二是改变我国的产业结构，中国当前经济中重化工业和高能耗产业仍占据着重要比重，这是我国在经济持续发展的同时实现碳达峰和碳中和必须解决的核心矛盾。三是在经济持续发展必然要消耗一定能源的前提下，需努力降低化石能源在我国整个能源中的占比。这是一个艰巨的挑战，因为我国化石能源禀赋的特点是富煤缺油少气，2019 年中国煤炭消费量占能源消费总量的 58%。

　　除了减少排放量之外，我国要对已经发生的碳排放进行捕获和储存，目前有两个主要渠道：一是在发生碳排放的源头，比如发电厂、化工厂或者其他制造业工厂，对集中排放的碳进行捕获和储存，也即通过 CCS（carbon capture and storage）技术大幅降低碳排放。目前 CCS 技术最大可以实现 90% 的碳排放降幅，但是成本较高，大规模应用还有待技术的进步。二是对于游离到大气中的碳，可以通过建设碳中和林、提高存量森林资源碳吸收能力等办法来进行捕获。经过多年的努力，我国的森林覆盖率达到了 23%，但是单位面积对应的森林蓄积量和碳吸收能力还有不小的提高空间。[①]

（二）碳达峰、碳中和的重要意义

　　作为全球最大的发展中国家，我国提出碳达峰、碳中和目标，无论对全球还是国内来说，其意义都极其重大。首先，碳达峰、碳中和

[①]　唐遥：《碳达峰是我国高质量发展的内在要求》，《社会科学报》2021 年 3 月 18 日。

目标的提出彰显了我国在全球气候治理中的责任和担当。气候问题是一个全球面临的挑战，中国也不例外，海平面上升、极端天气的增多，对我们的生产和生活产生了很大影响。作为全球第二大经济体、最大出口国与最大能源消费国，中国在全球绿色低碳转型进程中处于举足轻重的位置，国际社会对我国的碳减排举措、气候行动十分关注。中国与发达国家一同承担起减排的责任，特别是我国主动提出有力度、有气度的"碳中和"目标，不仅是对国际社会关注的积极回应，更体现出我国作为负责任大国的担当。其次，我国已经提出高质量发展的目标和要求，能源和环保也是高质量发展的重要内涵。碳达峰、碳中和实质上是一场从不可持续的黑色发展到可持续的绿色发展的新一轮工业革命，其核心就是绿色经济的发展。因此，碳达峰和碳中和是我们实现高质量发展的内在要求。最后，碳达峰、碳中和目标将加速我国能源清洁转型和能源革命的进程，通过大幅提升能源利用效率和大力发展非化石能源，逐步摆脱对化石能源的依赖，以更低的能源消耗支撑我国经济社会发展目标的实现和居民生活水平的不断提高。

碳达峰、碳中和意义重大，但是也要看到，我国实现碳达峰、碳中和目标面临着巨大的压力与挑战。我国目前处于工业化发展阶段，能源消耗量及碳排放量体量巨大，且仍处于"双上升"阶段。而近几年主要发达国家二氧化碳排放量已经逐步下降，美国于2007年达到能源消费高峰，同年达到碳排放高峰；欧盟于2006年达到能源消费高峰，同年达到碳排放高峰；加拿大、日本也均已实现碳达峰。在碳中和方面，我国的碳中和过渡期远远少于发达国家，欧、美等发达国家和地区从二氧化碳排放达到峰值到碳中和普遍有50—70年的过渡期，而我国从2030年达到峰值，再到2060年实现碳中和的过渡期只有 30 年。同时，我国在实现碳达峰、碳中和目标的过程中还面临着能源利用效率偏低、能源结构以高碳化石能源为主、人口数量过多等挑战，需要采取更有力更有效的举措推进碳减排，推动碳达峰、碳中和目标的实现。

三、实现碳达峰、碳中和的路径对策

（一）优化产业结构

2020 年中央经济工作会议强调，要加快调整优化产业结构、能源结构，推动煤炭消费尽早达峰，大力发展新能源。产业结构优化升级是实现碳达峰、碳中和的关键途径之一。碳排放和产业结构之间互相影响，互相作用：产业结构升级能够减少碳排放、提升碳排放绩效，同时碳排放又对产业结构升级有推动作用。我国作为制造业大国，工业产业既是传统用能大户，能源消费占总终端能源消费的 2/3，又是我国二氧化碳排放的主要领域，占全国总排放量的 80%。工业产业中，钢铁、化工和石化、水泥和石灰以及电解铝等 4 个传统产业的能源密集、碳排放相对较高。[①] 很多经济欠发达地区由于工业偏重于资源密集型产业或基础薄弱，服务业也以传统服务业为主，加之交通等基础设施和公共服务体系尚不健全，资金和科技支撑力度有限，因而这些地区很难靠自身力量推动产业结构升级，同时又难以吸引好的项目或投资来带动产业结构升级。即便是经济发达地区，目前也存

---

① 刘满平：《我国实现"碳中和"目标的意义、基础、挑战与政策着力点》，《价格理论与实践》2020 年第 2 期。

在着土地等要素制约以及淘汰落后产能等困难，同时还面临着世界发达国家"再工业化"以及核心高新技术封锁等带来的产业结构高端化挑战。

因此，实现碳达峰、碳中和目标，要加快建设绿色现代化产业体系，既要严格控制上述传统高耗能、重化行业新增产能，优化存量产能，推动其进行节能改造，调整产品和产业结构，又要大力发展绿色低碳型高新技术产业，优化制造业结构。加快发展现代服务业，特别是生产性服务业，促进服务业结构转型升级。积极发展生态农业，提升农业现代化水平。综合运用法律、行政、经济手段加大淘汰落后产能力度，优化各行业内部结构，提升各行业整体能源效率和碳排放效率。同时，大力发展节能环保产业，加强用绿色低碳技术、工艺、设备对传统工业企业进行改造，提升绿色低碳化运营企业比重，逐步实现经济增长和碳排放的脱钩。

（二）推动能源结构转型

二氧化碳排放主要来自化石能源消费，因此，碳达峰和碳中和的关键是实施能源消费和能源生产革命，持之以恒减少化石能源消费，优化能源结构，推动能源转型。

能源供给结构上，要向更绿色、更低碳方向转型。对于我国而言，煤炭是化石能源消费的主体，煤炭燃烧产生的二氧化碳占我国二氧化碳排放总量的70%以上，能源结构转型的重点在于严格控制煤炭消费。因此，要制定"十四五"及中长期煤炭消费总量控制目标，确定减煤路线图，保持全国煤炭消费占比持续快速降低，大气污染防治重点区域要继续加大煤炭总量下降力度。按照集中利用、提高效率的原则，煤炭削减重点要加大民用散煤、燃煤锅炉、工业炉窑等用煤替代，大力实施终端能源电气化。① 同时，要高质量、高比例发展非化石能源，我国 2/3 地区属于适宜太阳能利用的地区，且风能资源十分丰富，可开发利用的风能储量约为 10 亿千瓦。

能源使用方式上，要向更节约、更高效方向转型。我国火力发电占比超 70%，煤电产能过剩导致系统性能源浪费，电力系统处于低效运行的。虽然产能过剩，但新建未停，自 2000 年至 2019 年，煤电装机容量平均年增长接近 9%。因此，要对已核准的新建煤耗项目进行再审视，严控高耗能产业的产能规模，"减少用煤"和"高效用煤"两手抓。

另外，农村地区是能源产业发展政策洼地和监管盲区，更是低碳技术推广的滞后区。散烧煤是我国农村能源落后的三大问题之一，我国有 44% 和 24% 的农户以柴草、煤炭作为主要炊事取暖燃料。因此，要加大对农村清洁能源设施建设，加速推进高效炉灶开发、生产和推广，推动农村能源革命向多能互补的低碳网络迈进。

（三）发展碳交易市场

党的十九届五中全会强调，推进排污权、用能权、用水权、碳排放权市场化交易。碳市场是以二氧化碳为代表的温室气体排放权为交易对象的排放（污）权交易市场。我国的碳排放权交易制度已经开展了近十年的实践，正逐渐从试点地区走向全国性碳市场。从 2011 年国家发展改革委印发《关于开展碳排放权交易试点工作的通知》，到 2013 年相继建立北京、天津、上海、重庆、湖北、广东、深圳七大碳市场，标志着碳市场从理论走向实践。七大碳市场开展了形式多

---

① 王金南：《加快实现碳排放达峰　推动经济高质量发展》，《经济日报》2021 年 1 月 4 日。

样、内容丰富的碳交易实践，为建立全国统一的碳市场积累了宝贵经验。2017 年底，国家发展改革委发布电力部门的全国碳市场建设方案，标志着全国性的碳市场正式启动。为了加快推进碳市场，2019—2020 年，生态环境部相继发布了《碳排放权交易管理暂行条例（征求意见稿）》《全国碳排放权交易管理办法（试行）》《2019—2020 年全国碳排放权交易配额总量设定与分配实施方案（发电行业）》《碳排放权交易管理办法（试行）》等，对配额设定、分配与交易等作出了新的规定。

碳排放权交易是我国实现碳达峰、碳中和目标的重要经济手段。应组织第三方团队对七大碳交易试点地区开展深入调研，总结前期碳市场积累的经验、存在的问题、面临的挑战，为全国性碳市场的有效推进提供经验支持。以当前的发电行业碳交易为发展契机，加快建立与发电行业相匹配的配额核算、管理、报告、核查、清缴、交易、信息公开、监管等一体化的政策体系，逐步推进免费分配与竞拍相结合的配额分配方式，明确各级政府、发电企业等不同主体的职责与权利。制定以发电行业为先导，其他行业逐步推广的碳市场发展路线图，明确不同阶段碳交易制度的政策目标、覆盖行业、减排要求，与我国中长期发展目标相衔接，与碳中和远景目标相呼应，让市场机制在碳配额资源的配置中发挥决定性作用。

（四）推进低碳创新

低碳创新是指企业生产过程中能源和原材料投入最小，同时废弃物排放量也最小，对环境消极影响最少的活动过程。这是一个动态变化、错综复杂的过程，要求企业不断提升新资源开发、探索新资源组合的能力，能够有效减少环境污染及资源在使用过程中的负面影响，促进企业可持续发展，是企业应对外部压力的重要手段。低碳创新可分为低碳产品创新和低碳工艺创新。低碳产品创新是指企业在面临碳风险时，对产品设计、产品质量安全作出的改进，涉及环保材料、环保包装、产品回收和生态标签等方面，从而生产出环境友好型产品，实现产品差异化，抢占优势，缓解合法性压力，回应日趋严格的环境要求。低碳工艺创新是指对企业生产流程作出系统化调整，其目的是节约资源消耗、减少污染和提高企业碳绩效。随着环保意识日益增强，企业希望通过创新生产工艺以达到环保的要求。

实现低碳创新要大力发展绿色技术，构建绿色技术创新体系。绿色技术创新体系是在战略视野驱动下进行的全面创新、开放式创新与协同创新，包含以下重点：一是突出创新体系中企业的主体性。以企业自主创新、社会综合创新为双翼，融合创新所需的技术要素（研发、制造、人力和资本等）和非技术要素（组织、流程、制度和文化等），强化企业的核心技术和研发能力，提升企业绿色创新竞争力。二是突出创新体系的开放性。基于互联网思维，将绿色技术需求端和供给侧紧密结合起来，将高校、科研单位、治理单位的绿色技术力量和石化等重污染行业的生态环境保护和绿色升级改造的需求结合起来，将自主研发、联合研发与先进技术引进结合起来，促进精准对接、联合攻关、合作共赢。三是突出创新体系中各方的协同性。形成政府为引导、企业为主体、绿色金融为支撑和社会组织为补充的绿色技术创新环境。优化创新政策，完善绿色标准，改进政府补贴、奖励的财税机制，调整执法、考核、审核的引导方向，发挥绿色专利、绿色采购、绿色信用评价、绿色信贷等政策工具作用。

（五）抵御碳泄漏与碳排放转移

碳泄漏是指发达国家的温室气体减排会引起发展中国家排放量的增长。如果一个发达国家采取二氧化碳减排措施，该国国内一些产品生产（尤其是高耗能产品）可能转移到其他未采取二氧化碳减排措施的国家。发达国家其利用发达技术、产业链完备及成熟的管理模式，将高污染、高能耗的前端制造业"外包"至生产成本较低、环境保护法律法规不健全的发展中国家，造成发展中国家由于生产国际贸易商品而产生隐含碳排放转移。据统计，2010年美国、欧盟通过国际贸易向我国转移的二氧化碳排放约占我国排放总量的15%。2013年中国由于国际贸易而被转移的隐含碳排放总量大于日本全年的碳排放总量。

我国作为新兴的发展中国家，在国际贸易中是"隐含碳"的净出口国，承担了大量的转移排放。解决碳排放转移问题，以中国为首的发展中国家首先要积极减排，从根本上消除发达国家的碳泄漏借口，逐步缩小与发达国家之间的环境政策差异。一方面，需要进一步加大创新投入，转变经济增长方式，促进产业进一步升级调整，增加产品的技术含量、附加价值和国际竞争力。另一方面，中国应利用"一带一路"倡议等战略机遇，促进生态文明建设，积极构建全球产业生态系统。广大发展中国家和"一带一路"沿线国家具有广阔的市场前景和特有的资源优势，通过推进基础设施建设等方式，形成更广泛的产业生态系统，实现资源禀赋和人力投入的优化配置。同时，将制造业部门分散于不同国家和地区，有利于避免污染物集中于人口密集地区，可以降低人口密集地区的环境影响和健康损失。建设跨区域、跨产业的资源利用和回收系统，也将为消除全球贸易背景下的污染物转移、解决全球环境问题提供可行之道。中国需要在政策、技术、市场的综合作用下，实现创新驱动产业的竞争力持续提高。

（郭兆晖　中央党校（国家行政学院）社会与生态文明部副教授）

责任编辑：陈百万
封面设计：林芝玉
版式设计：严淑芬

图书在版编目（CIP）数据

中国经济热点解读.2021年／中央党校（国家行政学院）经济学部 编，
　曹立 主编.——北京：人民出版社，2021.5
ISBN 978－7－01－023420－5

I.①中…　II.①中…②曹…　III.①中国经济－问题－研究　IV.①F120.2

中国版本图书馆 CIP 数据核字（2021）第 085713 号

中国经济热点解读
ZHONGGUO JINGJI REDIAN JIEDU

中央党校（国家行政学院）经济学部　编
曹 立　主编

人民出版社 出版发行
（100706　北京市东城区隆福寺街 99 号）

中煤（北京）印务有限公司印刷　新华书店经销

2021 年 5 月第 1 版　2021 年 5 月北京第 1 次印刷
开本：710 毫米 ×1000 毫米 1/16　印张：14.25
字数：169 千字

ISBN 978－7－01－023420－5　定价：56.00 元

邮购地址 100706　北京市东城区隆福寺街 99 号
人民东方图书销售中心　电话（010）65250042　65289539